翻译家郝运近影

（2017 年 陈焕联摄）

《帕尔马修道院》〔法〕司汤达著 郝运译
上海译文出版社出版

《项链》〔法〕莫泊桑著 郝运译 人民文
学出版社出版

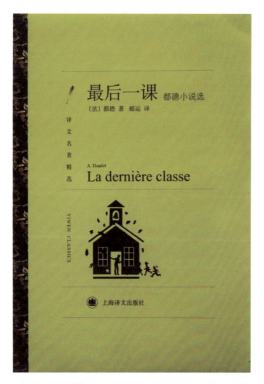

《最后一课》〔法〕都德著 郝运译 上海
译文出版社出版

《羊脂球》〔法〕莫泊桑著 郝运、王振孙
译 上海译文出版社出版

《司汤达文集》 郝运等译 上海译文出版社出版

《红与黑》（精装本）〔法〕司汤达著 郝运译 上海译文出版社出版

郝运夫妇

郝运与妻子童秀玉合影

郝运与妻子童秀玉在书房

时年 92 岁的郝运在书房（陈焕联摄）

管志华 著

上海市文学艺术界联合会编

深潜译海探骊珠

郝运

上海文化发展基金会资助项目

海上谈艺录

上海世纪出版集团
上海文化出版社

目　　录

艺术评传

序章　隐身译林 ··· 003

第一章　渔家祖辈 ··· 006

　　大清河边的小渔村 ··· 006

　　父亲从小爱读书 ·· 008

　　父亲兄长都是军医 ··· 010

第二章　动荡岁月 ··· 013

　　脾性迥异的兄弟俩 ··· 013

　　少年的启蒙教育 ·· 014

　　抗战中迁家重庆 ·· 016

　　交识志同道合者 ·· 017

第三章　负笈昆明 ··· 020

　　考取三所大学不知如何选择 ·· 020

　　中法大学的前世后生 ·· 022

　　大学生活艰苦却受益终生 ··· 025

　　难忘的大学生涯 ·· 027

第四章　求职谋生 ··· 030

　　三次面试 ··· 030

　　成家立业，当上法语编辑 ··· 034

　　天有不测风云 ·· 042

第五章　乍暖乍寒 ······························ 044

　在上海编译所的日子里 ······················ 044

　两本译作被斥为"爱情至上" ················ 049

　"文革"爆发，雪上加霜 ···················· 052

　十年磨一剑，编纂《法汉词典》 ············ 057

第六章　春天来了 ······························ 063

　翻译界的"黄金期" ························ 063

　深挖井方能饮甘泉 ························ 067

　文学翻译要耐得住寂寞 ···················· 069

　遇到了这样的好社长 ······················ 071

　虔诚仁爱的"苦行僧" ···················· 073

第七章　交上好运 ······························ 078

　多思深想不草率落笔 ······················ 078

　"我是'三烤'出身" ······················ 082

　乔迁新居译书更安心 ······················ 084

　再启"莫氏翻译工程" ···················· 085

第八章　翻译艺术 ······························ 093

　心灵的"深度阅读" ························ 093

　翻译风格与风格翻译 ······················ 097

　《红与黑》大讨论 ························ 102

第九章　众望所归 ······························ 108

　最高奖赏是"读者喜欢" ···················· 108

　游历加、美，心生遗憾 ···················· 113

　对名"隐身"　对利"躲身" ·············· 119

第十章　晚霞映天 ······························ 124

　为了翻译要有健康 ························ 124

对翻译界现状的喜忧 ……………………………………………… 128

憧憬文学翻译的未来 ……………………………………………… 130

尾章 生命之光 …………………………………………… 133

艺术访谈

兴旺文学翻译 多与世界交流 ……………………………… 137

附 录

从艺大事记 ……………………………………………………… 145

参考文献 ………………………………………………………… 151

后记 ……………………………………………………………… 154

艺术评传

序章

隐身译林

我没有生活上的奢求向往；从事文学翻译我是幸运的。

——郝运

这是一位九十多岁的老人，若从 1948 年出版首译本算起，至 2018 年，他的翻译生涯已经整整 70 年。在这条漫长的翻译之路上，他踩着实实的脚印，留下深深的足痕。

黎明晨曦，红霞盈天。2016 年，阳光灿烂的暮春。

在上海西北部一个普通而平凡的居民社区，笔者按响著名法国文学翻译家、"翻译文化终身成就奖"得主郝运（本名郝连栋）家的门铃，一位满头华发、慈眉善目、瘦高个头、弯腰屈背的老人步履蹒跚地从房间走出。他秀外慧中、仁慈和蔼的同岁老伴一面扶携一面笑称：已经年过九十，腿脚不便，所以动作慢吞吞，上海人叫"木笃笃"。

笔者赶紧帮衬，老人婉言道：不用，不用！他的脾性似乎有点倔，但话语不多，颇有绅士风度，看上去精神矍铄，气色亦不错，富有读书人气质。

笔者想象这位老人年轻时一定仪表堂堂、举止优雅。他的学识、修养、才华、人格赢得译界同道的尊敬。七八年前，笔者曾访问郝运，但未能深交。而今，在多次采访相互熟悉后，才知他自小身体羸弱、不喜张扬，且历尽艰难、久经风霜，由于各种历史原因，他翻译才华的"爆发力""黄金期"是在中年时才显现出来的。他是老者，是译者，是智者，更是隐者。中国不少读者读过《红与黑》、《巴马修道院》（现改译名为《帕尔马修道院》）、《黑郁金香》、《三个火枪手》、《企鹅岛》、《磨坊书简》、《羊脂球》、《为了一夜的爱》等一批 19 至 20 世纪法国文学名著，知道司汤达、大仲马、都德、莫泊桑、左拉等法国著名作家，但鲜有人特别注意"郝运译"这三个字。郝运对此只是淡淡地笑笑，他不介意、不在乎、不计较，他知道，读者的满意，才是自己的幸福。

译家正是"大隐隐于书"的译苑耕耘者，他们用心血灌浇世界名著的奇葩，在译作中再现各色人物的命运，在译苑里点亮生命的霞光。郝运喜欢海德格尔说过的这么一句话："思，就是使你自己沉浸于专一的思想，它将一朝飞升，犹如孤星宁静地在世界的天空闪耀。"译者，不是简单的两种文字符号的变更、替换，而是人物的再现、生命的再造。译者，思者也。翻译要以"行文流畅，用词多变，色彩丰富"相要求，三者既有区别又有联系，这也是郝运用心、用力的地方。郝运曾这样告诉笔者，照字直译，也可以视为一种翻译技巧，或翻译窍门，但妙悟原文，由形似得神似，技巧上的要求就更高。

译书天下事，得失寸心知。也许只有长期从事文学翻译工作的，才有切身体会。枯灯一盏，清茶一杯，在世界名著里徜徉，深潜译海，甜酸苦辣，滋味自知。高洁的情操、深邃的思想、丰富的情感、美妙的艺术、冷静的思考、优美的文字，都融于法国名著中，且让自己的体察、感悟、情感用汉语精准、忠实、原汁原味地传达到中国读者中，知易行难。一旦译出，看到读者钟情喜爱、专心阅读，他的喜悦之情溢于言表。从这个意义来说，译者须有不同于一般人的情感和智慧。

文化化人，艺术养心。从事文学翻译，既需要火花和激情，更需要积累和沉淀。郝运深知，大师的作品好比"冰山"，露出的八分之一是冷静、凝炼的文字，水下的八分之七则蕴藏了作者丰富的情感和思想，需要译者去参悟和挖掘。他深谙并汲取翻译大家傅雷的翻译经验：译一部作品要读到四遍五遍，才能把情节记得烂熟，分析彻底，人物历历如在目前，隐藏在字里行间的微言大义也能慢慢咂摸出来。但做了这些功夫，是不是翻译的条件就具备了呢？不。因为翻译作品不仅仅在于了解与体会，还需要译者进一步把所了解的、体会的，既忠实又惟妙惟肖地表达出来。两个性格相反的人成为知己的例子并不少，古语所谓刚柔相济，相反相成；喜爱一部与自己气质迥异的作品也很有可能，但要表达这样的作品等于译者脱胎换骨，变成与自己性情脾气差别很大，或竟相反的另一个人。这个经验之谈，犹如生活中的演员扮演舞台上不同性格的人物一般。

笔者感受到郝运一种特有的胸怀。他温润如玉，淡泊一生，不是通过文字去猎取名利，而是通过文字呼吸，用自己的文学思想滋养读者的心灵，启迪后人的心智。他知道，知识分子要保持人格的尊严、灵魂的纯洁，千万不能让人格、灵魂"待价而沽"。他说他从事文学翻译算是幸运的，在那动荡的岁月里，自由翻译这个职业让他"躲避"了一场场"运动"，他觉得在这个"避风港湾"，自己是最幸福的，同时又是最痛苦的。因为身体不好，家庭出身亦不好，所以他很知趣，不主动去交朋友，即使交友，他的原则是"朋而不心，面朋也；友而不心，面友也"。这是他的幸运。

对郝运长达 70 年的翻译生涯，笔者甚感可用这样的文字表述：他没有种种光彩照人的头衔来自我炫耀，有的却是多年的书斋寂寞和持久的翻译追求；他没有生活上的奢求向往，有的是对译作的匠心独运和精益求精；他没有过多的翻译理论，有的却是笔耕不辍的翻译实践，为我们留下了许多法国名著的中译精品；他没有多少及门弟子继承其衣钵，却把一片热忱倾注到了法国文学爱好者身上，开一代风气而不自封为师。

　　隐者大智，智者身全——这是笔者对这位翻译名家的开场白。

第一章

渔家祖辈

我的祖父靠打渔种地为生；父亲自幼好学，崇尚读书。

——郝运

大清河边的小渔村

清光绪十八年（1892），正值农历壬辰初冬季节，在河北静海县台头村一户渔民家，一个男孩呱呱落地，全家充满喜气。

大清河流过静海县

这是大清河边的一个小渔村，全村以郝氏为大姓，都是打渔为生的渔民。民谚云：靠山吃山，靠河吃河。静海县境内多洼碱地，虽亦有种植小麦、稻、玉米、高粱、豆类等农户，但在这个偏僻的小渔村，祖祖辈辈都靠打渔谋生。这户渔家的主人虽然憨厚勤劳、老实巴交，但拼命打渔终难维持全家生计，逃脱不了全村最穷的命运。

在动荡不安的年代，郝家祖祖辈辈都相信命中注定，丝毫没有改变命运的念头，更无发财致富的奢望，唯有过太平日子的心愿。人的一生总有所盼望，要说

大清河上的吊桥

这家男主人的心结，那就是有个男娃。他结婚很早，连生了两个女儿，那年代重男轻女，何况打渔是男人的体力活，支撑家庭、继承家业得靠儿子才行。于是他将自己哥哥的儿子领来当作儿子，按"曾"字辈分，给儿子取了"增贵"之名，期盼儿子能给家族增添一点富贵之意。

一方水土养一方人。静海地处海河流域下游，河流渠道众多，南运河、子牙河、大清河、独流减河、马厂减河流经全境，这片洼淀水乡造就这里乡众渔民的勇猛个性，哺育了一种刚毅、坚韧、灵气、淡定的品行，这对刚降生的男孩及其后代不无影响。从史书得知，静海在北宋大观二年（1108）置县，初始取名"靖海"，因地势低洼，易生涝灾，故其意是祈求安定太平。至明洪武元年（1368），为避讳

郝运父亲郝增华

"靖难"，改"靖"为"静"，称静海县。这里东临渤海，西连冀中，南临沧州，北接津京，素有"津南门户"之称。自古以来，静海其实一直不平静，其间连年战乱，水患不绝，致使人口稀少，经济贫弱。县名、隶属地也不断更换，曾分拆为静海、大成两县，而后合并；原隶属于河北省，1973 年由河北省划归天津市，今为天津市静海区。

光阴荏苒，时光似箭。不经意间，这位男孩渐渐长大，父母期待儿子好好捕鱼，生活安定。大概觉得儿子终究不能"增贵"，不如干脆给他改名叫"增华"吧，于是郝增华——郝运的父亲，一直沿用此名到 1927 年 11 月。

随着年龄的增长，郝增华一心想念书，但遭到父亲的坚决反对，理由是家里穷，念不起。郝增华胆怯了，老实厚道的家庭门风使他自小懂得贫寒之苦，养成孝敬父辈之心，不违背长辈之愿，好好侍候双亲，但一颗读书的种子也在心田渐渐萌发。

父亲从小爱读书

江河纵横奔驰，河道犬牙交错，郝增华望着河水在阳光下闪着粼粼的波光，心头泛起层层涟漪，他想象着，想象着与他的玩伴一起捧着书卷朗声诵读，闭目浮现私塾先生拿出戒尺，却对他笑盈盈地娓娓道来……正在他浮想联翩之际，鱼叉、网兜突然袭来，但见父亲在船头脸色铁青，他惊骇了，赶紧默默地拉起渔网。

夜里，他在床上辗转反侧，突然有了妙计。不让读书，书是死的，人是活的，村里不是有位识字的近亲长辈，何不向他讨教？过了几天，趁父亲不备，郝增华溜到了这位近亲长辈家，缠着要跟他学识字。这位近亲长辈被他的好学精神打动，于是给他找了一本破旧的《三字经》。郝增华的启蒙由此开始，再也不像祖父辈那样当"睁眼瞎"了。

当然，一本《三字经》满足不了郝增华迫切的求学愿望，他羡慕有钱人家的孩子能读私塾，于是常找借口或者趁父亲不备之时溜到私塾偷听老师讲课，于是出现两个后果：父亲常发现郝增华不在打渔现场，便大发雷霆，大声呵斥，郝增华默不作声；而私塾先生发现了他的偷听行为，却大为感动，准许他免费读书，父亲这才得知郝增华不去打渔的原因，便也眼开眼闭地松了口。

郝增华勤学好问，热情不减。有一次他听说有位在天津当账房先生的老人回乡养老，便主动上门学打算盘。这位老长辈早已听得老家有这么一位勤学好问的孩子，就与他约法三章：要学可以，但不准三天打鱼两天晒网，不能偷懒，不许半途而废。郝增华连连点头答应，于是他苦练勤习，学会了加减乘除的算法。这位老长辈看到这么勤快的孩子，很动情地对郝增华说：我年迈多病，在世时间不会太长了，我要抓紧把我在算盘上的本事教给你。后来这位老人躺在病床上还坚持教他，直至咽气。郝增华心灵备受震撼，跪在这位老长辈的坟头大哭一场，这事让他铭记终生。

虽然他没去当账房先生，也没去经商谋生，但知识的力量推动着他去拓展视野、改变人生。

台头镇距天津约四十里，每天会有人划船去卖鱼，郝增华从中打探到城里一些消息。有次他听说水产学校招生，不收学费，管吃管住，心里既喜又忧。喜的是家穷无钱让他读书，现在有如此良好机缘，自当珍惜；忧的是家里反对他读书，尤其父亲最不赞成，肯定没戏。突然，他灵机一动想出个办法，找一个比他父亲还长一辈的、能力又很强、众人最佩服的族人去"游说"，如此这般，终于说服了脾性憨厚却又倔强的郝增华父亲。郝增华顺利地考取水产学校。没料到，他只读了一年书，就硬被父亲叫回家了。

那年代父命不可违，此后，郝增华每天天不亮就跟父亲去打渔，但性格变了，一直闷闷不乐，整天不吭声。渐渐地，他饭吃得少了，人也变瘦了，成天夹着书到村外去读。家里人这时也害怕了，真怕他犯了傻病变疯，为了拴住郝增华的心，家里人便给他娶了一个邻村的姑娘，叫刘敬华，也就是郝运的母亲。

这对新郎新娘年仅15岁，掐指算来，此年正是清光绪三十三年（1907），也是"末代皇帝"爱新觉罗·溥仪登基前两年，中国社会正处在动荡不安、黑暗专制、皇权崩溃的岁月。新思潮、新变法、新革命冲击着顽固的旧制度，但丝毫没有波及台头村这个小渔村，在森严的等级制度和封建礼教影响下，"父母之命，媒妁之言"的婚姻制度依然占据统治地位。刘敬华不识字，品行极老实，总是逆来顺受，孝敬双亲，勤俭持家。对郝增华来说，虽然结婚成家，他心里想的还是要去读书。有次他读书读得很晚，便伏在桌上睡着了。第二天天还未亮，父亲叫他去打渔，郝增华迷迷糊糊地顺手把桌上的书夹在胳膊里上了船。一撑船，夹着的书掉到河里去了。这时，他才清醒过来，急忙跳到河里去捞书。在他眼里书比命贵，何况书是借来的，丢了怎么还人家。

这件事当天就在村里传开了，有人说这个孩子是"书痴"，有人说这个父亲是"犟驴"，也有人说，有这样的好儿子，为何非要他守着渔船过苦日子。这些"风言风语"传到了郝增华父母的耳朵里，母亲是明白人，赞成郝增华去读书；郝增华为实现读书心愿，设法请母亲和大哥（郝增华伯父长子）去劝说。说实话，家里人都惧怕郝增华父亲，在他面前不敢多言。那天吃了晚饭，郝增华壮起胆子，开始了一场特别的父子对白：

子问：为什么村里有人富，有人穷？

父说：这是命！

子说：不是什么命，您看看……

父瞪圆眼睛：哼！

儿子只能轻声轻气地说：您看看那些富裕人家，都是读过书的、有能耐的人，他们在外面，要么做买卖，要么有差事，每年挣的钱比我们打渔可多得多。爹，我一定能读好书，将来也一定能在外面找份好差事，让你们过上好日子。我和大哥说了，家里的活就请大哥多担待些，我绝对忘不了大哥。

不知为什么，郝增华的话越说越溜，顺得自己都不敢相信。可能目标明、底气足，虽然不敢抗命，但他想用发自肺腑的大实话打动父亲的心。他欲说还休，这个15岁的少年，不，这个15岁的小郎官哀苦而迷茫地望着自己的父亲。

父沉下脸，训斥道：你要走就走，我不拦你！

一片沉默。郝增华亦变得倔强起来，父亲透露出像一股闪电要撕碎乌云般的愤怒，但没有爆发出来。

父亲兄长都是军医

2016年夏季，笔者连续几天访问郝运的大侄子、郝增华的长孙，原华东师范大学一附中退休高级教师郝陵生。他年岁亦八十有五，虽腿脚不便，身体欠佳，但思维清晰，谈吐不俗，亲述与爷爷郝增华相处的日子。

郝陵生1931年出生于南京，1950年参加解放军，复员后于1956年考入上海第一师范学院（现为上海师范大学）历史系。因为这个专业，他对朝代史学乃至家族谱系颇有研究，画出了他们家族的脉络图：他爷爷郝增华的长子即为他的父亲郝连清，长媳即为他的母亲傅翠华；二叔郝连杰；三叔郝连栋（即郝运）；四叔是爷爷第一个姨太太王氏生育的郝连明，两人均因患肺结核病先后去世；五叔是爷爷第二个姨太太张淑华生育的郝连强。

在这个大家族中，从郝增华这代算起，从事哪个职业最多？说起来学医、做军医者最多。郝增华、郝连清以及郝连芳（郝增华侄子）等都是军医，郝连杰毕业于同济大学医学院，终生在此工作，是我国著名的肝脏传染病学家。唯独郝运从事法国文学翻译职业。医生是医人体之病，1911年辛亥革命，直至20世纪20年代，军阀混战、战乱频仍，伤病员剧增，军医严重不足，做军医不失是条好出路。而郝运从事翻译职业，讲起来有许多原由，其实郝陵生跟郝连杰、郝连栋、郝连明年龄相差不多，当时都爱好文学。三兄弟当时思想进步，倾向革命，对社会现状有所不

郝运侄子郝陵生、侄媳严厚琪夫妇（前排左四、左五）探望台头村亲戚

满，想用文字、思想来唤醒民众，所以文学是医心，医社会之病。

郝连清与亲兄弟郝连杰、郝连栋及郝连明相差十多岁，几乎隔了一代人，这兴许跟郝增华与刘敬华完婚后外出读书有关。因与父亲的"对决"，郝增华终于赢得外出读书的机会，1912年考入北京军医学校，他一心读书，毕业后一直是军医。据郝陵生回忆，郝增华最初在直系军阀部队工作，先后在齐燮元和陈调元处任军医长。1927年，陈调元率部在江西起义，郝增华随陈起义加入国民党。陈部被改编为北伐军第37军。因技术精湛，做事认真，为人又好，郝增华深得上司信任，逐步升迁，位居国民政府军事参议院中将参议、军医总监官职。刘敬华伺候双亲，后随郝增华一起生活，按旧社会老法，尽管郝增华先后纳娶两妾，她始终是正房。有次蒋介石接见郝增华，见到这个名字，说道："增华这个名字不好。中华民国只能一个，不能'增'了，建议你改为郝子华，如何？"郝增华表示同意，此后就以郝子华为姓名，字尚彬。

1929年，郝子华母亲，即郝运的祖母在南京逝世（郝运当时仅4岁），灵柩送回台头镇与郝子华父亲合葬。郝子华当时是台头镇出去的最大的官，当时南京政府以蒋介石为首的党政军高层以及各界知名人士，都亲书挽联相赠，落款为蒋中正，其后为冯玉祥、于右任、宋子文、孔祥熙、陈立夫、张学良、张治中、李宗仁、何应钦、陈诚、谷正刚（摘自《静海县县志》）。这些光宗耀祖的"殊荣"其实并不重要，重要的是郝子华像一颗读书之种，传继给子女、后代。

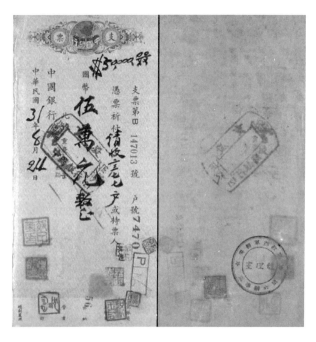

1942年（民国三十一年），中国银行（重庆），时任军政部军医署署长郝子华签章支票（一）

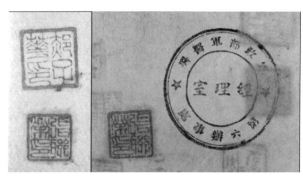

1942年（民国三十一年），中国银行（重庆），时任军政部军医署署长郝子华签章支票（二）

第二章

动荡岁月

在战乱频仍的年代，辛酸而悲苍；烦愁炽烈我的怀念。

——郝运

脾性迥异的兄弟俩

1925 年 8 月 18 日，即民国十四年农历乙丑年六月二十九日，郝运在江西南昌出生。

郝子华与正房、二姨太（因病早逝）、三姨太共生育五个儿子，郝运排行老三。郝运比他大哥郝连清小十六七岁，郝连清在抗日战争时已投入军医工作。二哥郝连杰只比他大两岁，可能年纪接近的原因，郝连杰、郝运兄弟俩感情很深，小时郝运

郝运少年时代全家福，前排左一父亲郝子华、左三母亲刘敬华；后排右一郝连栋（郝运）、右二二哥郝连杰、右三大哥郝连清

几乎成了二哥的尾随影子，喜欢一起玩耍、一起读书，并一起热情地倾向革命。当然大哥年长，免不了替父管教兄弟俩，在学业上俨然是编外教师。好在这两位小弟悟性不错，读书用不着死盯活缠，父亲喜爱读书的家教门风深深影响着他们。

不过，郝连杰、郝运兄弟俩性格迥异。郝连杰练就一副比石头还硬的性格，无论有多大的曲折、悲痛，也咬定牙关要向残酷的命运搏斗，在迫害、委屈面前从不屈服，在挫折面前从不灰心。后从军医学校转到同济大学医学院，毕业留校当助教，后升讲师、副教授、教授；1955 年，同济大学医学院迁至武汉后，又在武汉同济医院任主任医师。1957 年"反右"运动中受到不公正待遇，被戴上"右派"帽子。"脱帽"后，他依然倾心钻研医学事业，一直从医从教，成为揭开中国肝脏传染病丁型肝炎之谜的医学前驱，其成果处于国内领先水平。

郝运身体羸弱，他没有好强勇斗的习性，平时宁可少说，不愿多说，即便说也是和蔼近人，态度温和。他胆小，但不怯弱；他忠厚，但不谄媚。

郝运从小似乎对什么话都淡淡一笑了之，既不替谁分辩，也不顺着人埋怨谁，在他看来，谁都没错儿。当然不是说他是一个无原则、无底线的和事佬，他朴实、耿直、豪放、倔强，性格虽属天生，但后来长期从事翻译工作更加铸就了这样的性格。

这是成为一名成熟翻译家"望之俨然，即之也温"的人生历练过程，其身也正，其心也正，郝运后来的译作和译风莫不与此相关。

郝运出生在南昌，幼时的记忆模糊不清。南昌，古称豫章、洪都，其名源于"昌大南疆、南方昌盛"之意。这块被"初唐四杰"之一王勃在名篇《滕王阁序》中称着"物华天宝、人杰地灵"的地方，当时也是北洋政府与国民革命军争夺、拉锯战的战略要地。郝运出生的第二年，发生了北伐战争。1928 年，国民革命军北伐成功，取得胜利，蒋介石由此掌握军政大权，摆平各路军阀，踌躇满志，定都南京，郝子华一家迁居六朝古都金陵城。

少年的启蒙教育

郝运的幼稚园、小学是在南京读的，那是 20 世纪 30 年代初。他回忆道，当初他们家先住城佐营四条巷，后来搬迁至竺桥新村一号、二号（现为南京桃花新村 1 号、2 号，原居现在尚在）。这是两幢幽静、华贵、上下两层的别墅洋房，这片区域曾是国民政府的高官区，因郝子华 1927 年 11 月 28 日被任命为国民政府军事委员会军政厅军医处处长，1928 年 11 月 6 日任军政部陆军署军医司司长，自有资格亦有条件购买这样的居所。家境已非昔日可比，家里雇了保姆，请了花匠，聘了教师，生活优渥。

虽然如此，郝运与二哥郝连杰，以及当时业已成家的大哥郝连清与大嫂傅翠华，依然保持节俭，而读书氛围却浓厚。郝子华对外人宽厚，对家庭子女管教却严厉。许是大哥郝连清年长，他常与父亲探讨医学知识，似平等之辈。但父亲对郝连杰、郝运的督学完全是"家长制"。郝运自幼体弱，不爱说话却聪颖敏捷，但读书、写字相当用功。所谓播生在天，成器在己，这是父亲经常教诲的。

郝运家离竺桥不远，那一带景色优美，树林妍丽。这座竺桥始建于南唐，横跨杨吴城壕，是明故宫护城河最西边的一座单孔石拱桥，桥长约20米，宽约6米，桥拱券旁各有两只龙头桥翼，雕刻纤巧精细。在明朝，这座桥原叫"竹桥"，也可想象这里有过苍翠欲滴的绿竹，有过繁茂的树林。在郝运的记忆里，这片田园风光赋予他想象的翅膀，白天看着变幻莫测、万千形态的云朵，夜里望着熠熠闪光、如银似玉的繁星，心中泛起的思绪像一缕纤云飞起，像一片星光闪亮……

"虽然我后来再没有到过家乡和出生地，但幼年对南京的印象是深刻的。"郝运如此回忆。小时候和二哥一起捉蚱蜢、蟋蟀非常有趣，草丛里藏着绿绿的蚱蜢，人一靠近，蚱蜢便惊得乱跳乱飞，趁它刚刚落下时突然用手一捂，便可捉住，还有粘知了、粘蜻蜓。特别到了秋天，就闻到桂花香，那股幽幽的香气飘飘忽忽，时浓时淡，忍不住深呼吸。每当沉浸于童年时代，郝运两只眼睛放出光亮，神采奕奕。

小孩喜欢玩耍，酷爱自然，好奇心强，但读书于郝运来说是"收心"。在小学时代，已是新式学堂，更多读的是《小学国语读本》课本，以及近代科学知识。但有时他也要背诵孔孟之书，虽懵懵懂懂，但心窍一开，如品馥郁香茗，醒脑清心，使人通达事理；而朗读唐诗宋词，若饮陈年佳酿，鉴往识今，使人性情灵动。所有这些，都对他后来从事翻译职业大有裨益。

在把外国语言译成中文的过程中，没有扎实的中文基础，常会词不达意，或者意不成词。这点，郝运要感谢幼时的国文教育。那时国文教科书一类是由教会从西方引进，不适合中国国情；另一类是读古书出身的老夫子所编，文字艰深，也不符合教育规律；唯有商务印书馆早年编印的国文教科书，取材居家处世，掌故励志，特别是封面和插图大多拙朴、亲和，充满童趣。如今，郝运早已告别那些纸脆泛黄的课本，但仍能感受到它的余温，恍惚间，那堂国文才下课，铃声乍响，一群孩子呼啸而出，在绿野中奔跑嬉戏……

回想读书年代，像一幕幕电影镜头掠过。他的书伴不仅有同班同学，家中还有二哥郝连杰、同父异母的弟弟郝连明、大哥的长子郝陵生，年纪都相差不多，加上大哥郝连清、大嫂傅翠华的督学，大家读书气氛浓，读书成绩好。郝运回忆道，喜欢读书也不只是一本正经地读教科书，他喜欢读杂书、闲书，像《水浒》《三国演义》《三侠五义》《施公奇案》等，滋养他的学识，扩展他的视野，奠定他的文学基础。

读书的环境与氛围也很重要。母亲刘敬华虽不识字，但她慈爱、顺从，希望她的儿子像他们父亲那样有文化。在宽容中成长的孩子学会忍让，在鼓励中成长的孩子学会自信，在公平中成长的孩子学会正直，在赞同中成长的孩子学会自爱。母亲刘敬华的教育可能讲不出什么大道理，但她勤俭、耐劳、宽容、尽职的品行，深深地影响郝运的日后做人之道。

郝运兄弟几个是在严父慈母的教育呵护下长大的，他渐渐懂得，读书是很重要的，但为人做事比这更重要。他的人生箴言是：首先是人的欲望不要太强，天道忌盈，物极必反，欲望太强，必走极端；其次是遇事不要与他人争，人生贵在能吃亏，这不是软弱，为不肯吃亏而恃强犯众怒，不得人心，最终溃败；再次是遇事要有主见，不能随波而流，没有主见便像没有航标的航船，不能抵达事业的彼岸；最后是对事物不要厌倦，坚定初心，对新鲜事物保持一股好奇、不畏葸、肯钻研的精神，这人生便有意义、有价值。

再后来，郝运历经挫折，但他悟得的这四点支撑了他的翻译生涯，也奠定了他的翻译成就。

抗战中迁家重庆

1937 年 7 月 7 日，日军在北平附近挑起"卢沟桥事变"，中国抗日战争全面爆发。其实，早在 1931 年，侵华日军就在我国东北发动"九一八事变"，侵占中国东北，并成立伪满洲国，此后陆续在华北、上海等地制造事端、挑起战争，国民政府则采取妥协政策，避免冲突扩大。经过中国人民浴血奋战，直至 1945 年 8 月日本战败投降为止，中国的抗日战争历时 14 年。

对郝运来说，1937 年是他人生旅途中刻骨铭心的一年。那年他初小毕业，原本打算利用暑期好好游历一番，但突如其来的变故让他惶恐不安起来。父亲先期离宁至渝，关照全家要迁居，后派副官到家，让母亲收拾家什，全家乘船离开南京，先抵武汉换乘，终于到达重庆——当时国民政府陪都，他们在市区协和里安家。

12 岁前的郝运，人生之路是由父亲设计的。父亲对几个儿子的期待是，与他一样从医，这是"按部就班""青出于蓝"的最佳安排。

陡然间，一轮灾难从天而降。缤纷的战火，在中国土地上燃烧。虽然重庆险崖连绵的山川、突兀雄奇的峻岭像一道自然屏障挡住日军的铁蹄，但时遭日本飞机轰炸。这座山城，白天会遇敌机一阵俯冲，抛下炸弹顿时让地面成了红色的火海；傍晚，空中如流星雨般飘落散弹，砰然将房屋炸裂……这种场景，让少年时代的郝运不时心悸。郝运回想，他先是在城区一家中学读书，后离开城区到位于农村的巴县中学念书。不知什么原因，可能自小体弱、水土不服，总觉得皮肤瘙痒，常常抓痒抓出血，后来发觉身上长出奇异的疙瘩，难受异常，于是就一个人回城住院看病。生病住院的这段时日，促使他不断思考人生。一边是烽火连天，一边是灯红酒绿；一边是饿殍遍野，一边是急管繁弦，为何这般？住院治疗期间，常遇到日军飞机轰炸，医院是待不下去了，皮肤上的肿块虽渐渐消下去，病情有所好转，但心里的伤痛难以抹去。

他先后在重庆的兼善中学、志达中学、南开中学就读，至 1942 年早春二月进入四川江津白沙读大学先修班。

时间，像舒展开的巨大羽翼，将这残垣断壁、满目疮痍渐渐聚合，将这风雨河山、飘摇家国缓缓收藏，似乎在等待遥远的某一天、某一刻，未来之神将它重新开启。

在重庆南开中学读书时，郝运的苦闷常解不开，可能是青年时代的叛逆心理，抑或是不服父亲的管教，心结芥蒂。慢慢地，他与父亲、大哥有点疏远，却与二哥郝连杰、同父异母的弟弟郝连明亲密无间，无话不谈。

交识志同道合者

渐渐地，郝云交识了二哥郝连杰的同学齐亮、何康，而这两位同学也是母亲家的常客。母亲刘敬华甚至把他们当作座上宾，常拿出好吃好喝的东西招待他们。特别是齐亮，有时也住在他家，他们不时躲在房间里议论时势，看当局禁止的革命书籍。

一扇神奇的窗户打开了。

一个懵懂的灵魂苏醒了。

郝运在齐亮的影响下，也加入了他们的圈子。齐亮常来做客，给郝运带来启蒙思想。他与郝运同眠一床，一同漫步嘉陵江边，齐亮向郝运介绍了不少法国著名作品。有次给他讲阿尔封斯·德·拉马丁（1790—1869）的作品《葛莱齐拉》，拉马丁是法国 19 世纪第一位浪漫派抒情诗人，也是浪漫主义文学的前驱和巨擘。拉马丁喜爱《圣经》和夏多布里昂（1768—1848）等人的浪漫主义作品，他创作的诗歌多是感情的自然流露，给人以轻灵、飘逸的感觉，着重抒发内心的感受，语言朴素，一扫三百多年来笼罩在法国文坛的理性至上、压抑自我的沉闷空气，对 19 世纪初的法国文坛起了振聋发聩的作用，催生了雨果、乔治·桑、维尼等一代浪漫派大师，他的一些名篇如《湖》在法国至今仍然妇孺能诵。

郝连明和郝运一样爱好文学。母亲王氏患肺结核病，由此染及郝连明。他比郝运小三岁，不但爱好文学，还是一位年轻诗人，《中国时报》《大刚报》多次发表他的诗文。郝连明与郝运等兄长感情笃厚，情趣相同，爱好文学，喜欢读书，富有想象，为人正直，但不幸于1945年7月——抗战胜利前夕，时年仅19岁的他，因患肺结核病治疗无效而去世。郝运回忆道，郝连明去世对他是个沉痛打击，他那时在因抗战迁至昆明的中法大学念书。大嫂的弟弟傅欣后来也是在昆明读中法大学，比他低一级，亦从事翻译工作，还有二哥郝连杰，朋友甘大元、胡冬生、周兆瑞、萧申建、吴祖望等，他们对郝连明的早逝都感到非常惋惜。不然的话，郝连明也会成为出色的文学家或者翻译家。郝连明没有看到抗战胜利，但他的思想、憧憬、向往对郝运的翻译生涯产生了不小的影响。他要替弟弟完成心愿。1947年2月，郝运在南京写下笔调沉重又优美的悼念文章：

> 郝连明离弃人世，不过在土地上增多一次埋葬，迅速地完成了生与死间的过程。然而，从此在我生活上，有了不可动摇的意念，仿佛开辟了一个新的纪元：郝连明死去第二个月了，或是郝连明死去又一个秋天了。往往，这种念头作成我思想或谈话的开端。
>
> 近二十年的生命正确说来，包括三分之二强的时间是年幼和学习的时间。而最后两年却是终年卧病，所以只有短短的几年光景容许他随着心志飞翔，可是厄运注定调弄他。他曾经失学，找不着职业，在抗战最艰苦的时候，他无言于个人的悲哀，终日沉默寡言，终日埋头读书，尽可能地读，读他手能触到的书，这样他懂得文学、政治、博物，甚至医学。最后他自己觉得应该多走些地方多经历些事情，先欲投青年军，后来考取某军事学校，在入伍期内，劳苦和不安以及受冻而发的肋膜炎使他终于转变成不治的肺结核病。此后在行动上便失去了自由。

郝运的起笔看似无情，却蕴含深情，实际上也是他当时思想的流露，更是对当时现实的呐喊、抗争，他的文学翻译志向由此逐步形成、定向。在江津白沙大学先修班，他刻苦攻读，想用笔来挥写人生，用文学翻译来唤醒民众之心。

七十余年过去了，往事仿佛仍浮现眼前：那时每逢暑假，弟兄三人必定回北碚母亲家。母亲家在陈调元的私家林园雪英果园。果园很大，园内除了有大量的苹果树、梨树外，还在果园四边盖了几幢楼房，每幢房屋都有自己的一块小天地，里面住的都是陈调元的老友的家属。各家彼此很少有来往。母亲带着几个孙子孙女住着，她原是农家妇女，很少与人往来，因此很寂寞，总盼着假期的到来，因为那时三个孩子都会回来住，陪着母亲到果园里去转转。

二哥很有组织能力，暑假时每天组织两个才读初中的弟弟学习。现在年迈的郝运似乎想起：那时学的不是学校功课，而是二哥带来的似有革命倾向的读物，每天如此，从不间断。虽然他与连明似懂非懂，但在二哥的讲解下，多少也学到一些课外知识，眼界开阔起来，思想上多多少少受到二哥的影响。

抗战胜利了，连明却走了，郝运忍着悲痛向父亲提出，四弟连明的几位好友和自己想为他出一本诗文集，以表大家的哀思、怀念。郝运知道当时父亲手头拮据，连修房子的钱都拿不出来，但父亲也为失子而悲伤，硬着头皮答应下来。于是，郝运与大嫂的弟弟傅欣及连明的几位老同学一起为他出了一本薄薄的诗文集，书名是四弟连明生前自己定下来的，即《我的墓碑铭记》。这像是对死神的挑战，对病魔的抗争。时间像流水，一晃几十年过去，郝运的长子郝珉从武汉回来，此时他已读完武汉大学硕士研究生，获得西方哲学史法国哲学硕士学位。为了纪念连明，郝运与长侄郝陵生又重印了那本纪念四弟连明的《我的墓碑铭记》。刚等到新印好后的书，郝陵生即送到三叔郝运家，此时郝珉在家，看到后立刻一口气捧读起来，读完，郝珉感慨道："连明叔叔是我们家最有文学才华的人。"

此时此刻，郝运心头不禁涌出哀伤，是的，连明有才华，他只有 19 岁就走了，如果老天有眼，他将会写出多少好诗文呀……上面的那篇"悼念"之文，正镶嵌在《我的墓碑铭记》里，表达的是兄弟情谊，寄托的是满腔思念！

历史，像一幅气势浩荡的画卷，它的可圈可点，在于一往无前、无私无畏的生动笔墨，更在于那些波诡云谲的怪笔、柳暗花明的曲笔、旁逸斜出的神笔，它们突如其来，却酣畅淋漓。历史，像一棵沧桑虬劲的老树，岁月的蛰须从它的血脉、它的枝杈中伸出，顽强生长，盘根错节，绿荫如盖。昨天，从老树上生长为今天；今天，又从老树上长大为明天。这是历史的今天，也是未来的昨天。

面对日本的侵略与蹂躏，在中华民族危亡之际，作为青少年的郝运虽身体羸弱，但思想进步，他要选择一条新的人生之路。他认定，"手术刀"仅仅治疗人的疾病，"笔杆子"方能医治社会疾病。

第三章

负笈昆明

学好一门外语，等于你在文学的道路上多了一根拐杖。

——郝运

考取三所大学不知如何选择

1942 年夏末，陪都的天气闷热。天空湛蓝，仅有几朵不动的白云。

郝运有点心神不定，他在重庆报考大学，表面安然自若，心里总在牵挂。结果通知书来了，他考取了三所大学：齐鲁大学经济系、西南联大中国文学系、中法大学法国文学系。

拿到这三份录取通知书，郝运既高兴又犹豫：读齐鲁大学经济系将来毕业谋生计不成问题，但与自己的意愿志向大相径庭；读西南联大中国文学系，当然最好不过，那里集中了中国知识界精英，对做学问非常有益，但与酷爱外国文学尤其法国文学的路径有点偏移；而读中法大学法国文学系（时名为中法大学文学院），心底却也没有谱。

也许厌倦了重庆那种醉死梦生的生活，或者想早点脱离家庭严厉管教的羁绊，更重要的是那里有老熟人。二哥的同学、好友齐亮比自己早一年考取了西南联大中文系，他心里仿佛吃了颗定心丸，于是打点行李便从重庆向昆明出发。当然，父亲曾一再叮嘱郝运学医，家里都是军医出身，无论社会地位还是职场谋生，从医不失为一条好路。

郝运似听非听，即刻负笈昆明。

到了昆明后，郝运左思右想，一时拿不定主意，是读西南联大中文系，还是读同在昆明的中法大学的法国文学系。身处异乡，举目无亲，他在旅舍盘桓好几天，他想到应该先去找齐亮商量一下。

人海茫茫，到哪里去找？郝运只能到西南联大四处打听、寻访。

往事如烟。郝运忘不了齐亮给他讲述法国文学作品的情景，常被他生动有趣的讲述所吸引。郝运二哥郝连杰因参加革命活动被学校开除之后就转到外地上学去了，与二哥一同被开除的同学齐亮当时没有离开重庆，他还是照常到郝运家玩，日后关系更亲密，成了郝运的知心朋友。

这天，郝运终于在昆明找到了齐亮。两人见面，高兴至极，谈兴浓厚，话题便转入择校问题上，郝运说自己还拿不定主意，想去西南联大报到，但还没去。

齐亮静静地听着这位老弟的叙述，他突然打断郝运的话，语气坚定地说，还是选择读中法大学吧。他给郝运讲了自己的见解和理由，其中有一条让郝运心动。他说："学好一门外语，等于你在文学的道路上多了一根拐杖。"

齐亮的鼓励，让郝运下了决心，毅然决定到中法大学报到。这当然是他父亲竭力反对的，他本来就不赞成儿子学文科，没想到儿子到了昆明后，非但没进名牌大学，反而进了中法大学，他自然很生气。但郝运已到昆明，远隔千里，鞭长莫及，他也无奈，只能听之任之。

郝运住进中法大学学生宿舍，开始了他的大学生涯。满天星斗，一灯如豆，他像是在时光隧道中摸索。有时他看书看得疲倦，便从窗口仰望，天是那么高，那么蓝，那么亮。身处异乡的郝运，虽有飘萍无根的悲叹，但渐渐体悟到"有道者不孤"，他觉得自己就像一颗麦粒，自己的人生定位就在麦田，种在故国的泥土里，才能生根、发芽。他憧憬着、渴望着，不时重温齐亮对他点拨的话语。

西南联大中文系毕业生、共产党员齐亮烈士

郝运庆幸自己的选择，对齐亮的指点钦佩之余顿生感激。不过，令他感到悲伤的是，他与他的引路人齐亮后来"断线"了，直到新中国成立后好多年，才知他的引路人在黑暗行将褪去、曙光即将来临的时刻在重庆被国民党反动派枪杀，英勇牺牲了。

中法大学的前世后生

路漫漫其修远兮，吾将上下而求索。对求学之路，晚年的郝运有过总结。他说，虽然中法大学在当下名望不大，世人知晓不多，其实它在当年有明确的办学方针，即是严谨、求实、科学、民主；兼容并包、兼全并重；教学与育人并重，强调素质教育；艰苦创业、勤工俭学，要求学用结合，为社会服务。顾名思义，中法大学似为中法合办、采法国教育制度，如其他中外合办之大学。实则不然。中法大学采用的是中国自主教育，由中法人士组成的校董会从旁襄助，这是其一。第二，创办人抱有远大理想，期望中国实行一种新教育，有意识地取法国教育制度为蓝本，参酌国情而创立。所以，中法大学与其他国际合组教育事业或教会学校不同，是融会中外而实现一种理想教育制度的践行者。

晚年郝运回忆，这所大学根底深厚，教师各有本事，尽管主张不同，方法不同，但互不干预，异中求同。那时西南联大的不少教授到中法大学兼课，他听过大牌教授的课，很有吸引力。在自己学校，他遇到了教学认真、师德高尚、治学严谨的具有中国文化传统的好老师，他从学法语字母开始，自此一步步走进灿烂辉煌的法兰西文学殿堂，沉潜于法国文学海洋，长途跋涉在法国文学研究和译介道路上，虽有曲折但无怨悔。与他同时学习的有王道乾、徐知免、傅欣、朱角、叶汝琏等，后来都成为翻译家，与郝运一直在法国文学研究道路上并肩奋进、夺隘闯关。

《中法大学史料》

严济慈为《北京中法大学校史资料》题词

中法大学是一所很有文化传统的综合性大学，始建于1920年，结束于1950年。1950年9月，中法大学法国文学系并入北京大学西语系，校本部及数理化等院系并入北京工业学院（1988年更名为北京理工大学），对国家、社会曾作过不小贡献；在发展我国科学技术、卫生和文化教育事业等方面，中法校友过去和现在都作出卓越贡献，不少校友已成为有影响的专家、学者，成为各界的中坚力量，如著名科学家朱洗、汪德耀、范秉哲，著名文学家和诗人罗大刚、戴望舒，著名艺术家常书鸿、王临乙，著名学者刘半农、商鸿逵，等等。

20世纪20年代初期，中国留法俭学会建立时，我国一些老一辈的无产阶级革命家赴法勤工俭学，对这所学校的创立、成长有着深厚的影响，如陈毅、李富春是在这所学校深造过的。按有关史料证实，中法大学与近代中国有着千缕万丝的联系，成为近代中国社会的人文渊薮。

中法大学分海外和国内两部，国内先名为北京中法大学，后为北平中法大学；海外部名为法国里昂中法大学，两部均互派教师和留学生。抗战初期，国内部即北平中法大学南迁至昆明，租用北门街南菁中学旧址建校，不久，在昆明西郊黄土坡购地百十余亩新建校舍后，理学院即迁入新校舍中，校部与文学院仍在北门街。

北平中法大学正门

追溯这所大学的建立，人们都会提到学校的创始人蔡元培和李石曾、吴玉章等先生。他们当时曾为争取庚子赔款作为学校基金而尽心尽力。大学成立后，蔡元培出任第一任校长，以后由李石曾、李麟玉先后继任。学校迁到昆明后，因李麟玉先生一时未来昆明，校长职务即由北平研究院副院长李书华先生代理。文学院院长是

北平中法大学礼堂正面

北平中法大学礼堂内部

法国里昂中法大学校舍全景

北平研究院历史研究所所长徐炳昶先生兼任；夏康农教授担任理学院院长，后由王树勋教授继任。文学院设文史、法文两系，著名历史学家和汉学家魏建功、邵循正、罗庸教授先后担任文史系主任；陈昌亚、闻家驷教授先后担任过法文系主任。当时在文学院担任课程的有朱自清、闻一多、吴晗、吴宓、任继愈等学者、教授。

大学生活艰苦却受益终生

郝运是在中法大学文学院第二年招生时考入的。他在昆明中法大学就读时，常要"跑警"——躲避日本军机的轰炸。开始他们还有点不在意，但这种侥幸心理终被一次轰炸所打破。那一天，开始看到有十几架银灰色的日机从东方出现，随着轰轰一片响声，大地都震动了。当警报解除后回去，不少地方已经被炸得不认识了，堆满残砖断瓦。

生活艰难，条件艰苦，是大家的共同感受。据记载，曾在中法大学任教的闻家驷（闻一多之弟），在经历空袭侥幸逃生后，全家搬到昆明城外，与在西南联大任教的华罗庚同住一屋，居住环境简陋到两家用块碎花布帘隔开。当时闻、华两家共十四口人，在这间阴湿、狭小的偏房里共同生活，人均占有空间不足 1.2 平方米，雨天到来的时候，两家孩子一起把脸盆、漱口缸、饭碗、尿罐拿来抵挡雨漏。国难当头的岁月里，如此相依为命的，又岂止闻、华两家呢？

物价上涨，更使艰苦生活雪上加霜。有人统计，若以 1937 年物价指数为 100 计，1943 年下半年物价指数已经上升到 40499，即上涨到 405 倍（摘自杨西孟《几年来昆明大学教授的薪津及薪津实值》一文）。为了补贴家用，不少教师将书籍、衣物廉价出售。至于郝运这样的学生，本来就无工资收入，生存状况就可想而知了。

师生生活清苦，伙食往往不能果腹。教师生活的困窘可从著名学者闻一多 1944年公开挂牌治印后写的信中略窥一二："弟之经济状况，更不堪问。两年前，时在断炊之威胁中度日。乃开始在中学兼课，犹复不敷。经友人怂恿，乃挂牌刻图章以资弥补。最近三分之二收入端赖此道。"以闻一多的才艺、名望，加上治印有梅贻琦、蒋梦麟等十几位著名教授联名推荐，故能以"绝艺"稍解困境。更多的教员就到外校兼课，或去教家馆等等，聊补生计。

郝运也回忆，他大嫂的弟弟傅欣是比他低一级的同学，他在昆明《生活导报》兼当编辑聊补生计，认识很多文化名人，与闻一多先生比较熟。闻先生挂牌治印，傅欣就跑腿当经纪人。所以郝运、傅欣、麦浪等编辑出版《兰烟》诗刊，刊登倾向革命的诗文，鼓舞大家起来为抗日救亡、为民主自由而战，很得闻先生的关心支持。

　　晚年的郝运回忆，他和傅欣等人有次读到著名报人王韬此前翻译的法国国歌《马赛曲》，并得知近代民族有国歌似从《马赛曲》始。他们一起哼唱：

Allons, enfants de la Patrie, 前进法兰西祖国的男儿，
Le jour de gloire est arrivé! 光荣的时刻已来临！
Contre nous de la tyrannie, 专制暴政压迫着我们，
L'étendard sanglant est levé, 祖国大地在痛苦呻吟，
L'étendard sanglant est levé! 祖国大地在痛苦呻吟！
Entendez-vous dans les campagnes 你可看见那凶狠的士兵
Mugir ces féroces soldats? 到处在残杀人民？
Ils viennent jusque dans vos bras, 他们从你的怀抱里，
Égorger vos fils, vos compagnes! 夺去你妻儿的生命！
Aux armes, citoyens! 公民！武装起来！
Formez vos bataillons! 公民！决一死战！
Marchons, marchons! 前进！前进！
……

　　这是一支法国大革命期间最受群众喜爱、流行最广的战斗歌曲，是对自由、民主的赞歌，此刻一边哼唱，一边想到现实社会，看到国统区专制独裁、腐败无能、通货膨胀、特务横行，学生运动此起彼伏、日益高涨，他们觉得《马赛曲》正如战斗号角，理该吹响神州大地，他们立刻重译。译好后由闻一多先生润色，一时在校园里传唱起来。说到这些，郝运感到"很过瘾"，同时也深感法语的语言魅力，对齐亮的"人生路上多一根拐杖"此语感同身受、加深理解。

　　郝运说起，当时联大的闻一多、吴晗、李广田、肖涤非、王力、罗庸、王宪钧、闻家驷、赵西陆等教授都在中法大学兼课。有的教授还在文学院学生会组织的文史讲座中，开讲各种专题，既活跃了学术氛围，也借古讽今启发同学面对现实。

　　郝运曾一度担任学生会主席。因齐亮关系，他常到西南联大串门，听演讲，一睹这些大学者的风采，得到不少启发，也为日后的法国文学翻译打下扎实的基础。

难忘的大学生涯

回忆大学生活，郝运感慨道：教育的本质除了传授知识，更重要的是培养一种奋发向上的精神，一种有理想、有道德的人格。读书不能读呆、读死，必须学会思考，学问学问就是问学。在中法大学，他醉心于法国文学，攻读了不少法国经典作品。他认为，法国文学绚丽多彩、浩如烟海，它的文学多样化特色是从中世纪末开始的，文学流派此起彼伏、层出不穷，每个世纪都有一个主要的流派，即 16 世纪的七星社，17 世纪的古典主义，18 世纪的启蒙文学，19 世纪的浪漫主义，20 世纪的现实主义。这些流派本身又衍生出其他流派，因此法国文学的发展过程，也是文学流派相互交替和不断更迭的过程。

他认为，了解和解剖法国文学需要从纵向和横向两个角度看，尤其需要把文学作品与历史事件结合起来，与一个民族、国家命运联系起来。法兰西民族热情、幽默，法国文化亦是源远流长、流派鲜明，在浪漫成分中更有深刻的现实批判性。早在路易十四时代，崇尚法国文化就在欧洲蔚然成风，而伏尔泰、卢梭和雨果的光辉名字，则使巴黎成为世人向往的圣地。巴尔扎克和左拉等小说大师，色彩缤纷的现代主义文学，都使法国文学在世界文学中占有举足轻重的地位。

然而在郝运的大学时代，现实却是残酷的。到了抗战后期特别是抗战胜利后，对国民党专制独裁、特务组织横暴、通货膨胀、官僚资本垄断、贪污腐败、经济凋敝、民不聊生、发动内战等现实，郝运和同学们都是极其不满，奋起抗争。1945 年 5 月 4 日，昆明学联举行纪念"五四"运动的游行和晚会，中法大学学生自治会组织同学，白天拉着"我们要民主"的横幅，参加从云南大学出发，以闻一多、吴晗、曾昭抡、费孝通、潘大达、潘光旦、李公朴等为先导的大游行；晚上参加在联大举行的"五四"纪念晚会，听取华罗庚发表"不要专制独裁，只要民主；人民要研究科学，要讲求真理，而今真理又在哪里"的慷慨陈词，和光未然朗诵他《民主啊，你在哪里》的诗作。

出发前，各校学生在云大草坪集合，当时正下着雨，闻一多讲了武王伐纣时也下着雨，用"雨洗兵"的故事来激励大家。

郝运至今还记得，那次游行他被大家选为学生会领头人。中法大学游行队伍从云大出发，他带队走在前面。刚出发不久，猛然下起暴雨，不少同学急忙到大楼里躲避，队伍一时混乱起来。郝运回头看到后面闻一多先生的身影，听到他高声喊道："我们连死都不怕，难道还怕这雨吗！"这么一句话，顿时让同学们振奋起来，纷纷从大楼里跑出来，重新排好队，高喊着"我们要民主"的口号，冒着大暴雨继续前进。

这一幕，深深镌刻在郝运的脑海里。"愤怒出诗人"，这是一位身穿长衫学问渊博的读书人，此时此刻，却被联大、中法、云大的同学尊为"一头怒吼的狮子"。1946年7月15日，在云南大学举行的"李公朴先生殉难经过报告会"上，闻一多拍案而起，慷慨激昂地发表了"最后一次演讲"，痛斥国民党特务。散会后，闻一多在返家途中，突遭国民党特务伏击，身中十余弹，不幸遇难。国民党特务这一暴行激起了全国人民的极大愤慨。此乃后话。

这历史一幕，郝运印象极为深刻。随后，就是1945年"一二·一"运动（即12月1日发生的昆明学生反内战、争民主的爱国运动）。郝运和同学们不再沉默、不再彷徨，他们走出课堂，大胆抗争。他们一次又一次喊出了自己的声音，他们要自由，他们要生活，他们更要全国人民都走上和平、安定、繁荣的道路。他们的怒吼，他们的悲壮，他们的无畏，让全国各地为之震动、为之同情、为之声援、为之呼应。当然，同学们也没有放弃自己的学业和工作，照常上课，因为他们知道，未来的中国需要有用之才。

郝运回忆道，那时的大学读书讲究学生淘汰率，好像现在不兴了，可那时是学生进去容易出来难，老师对学生成绩毫不含糊，课程考试十分严格，通不过就得复考、重考。尽管七十多年过去，回忆考试分数仍然印象极深。有一次，一个学生有门课考了59.5分，影响毕业，还得留校一年重修这门课。这位同学找教务长说情不准，便质问说："59.5分与60分有什么差别？"教务长回答："如果59.5分与60分无差别，那么59分与59.5分也无差别，自然与60分也无差别。如此类推，最后0分与60分也无差别了。"真是妙答。所以，那时学生的淘汰率约占三四成，够严格的。

郝运的大学生活也许时间久远，记忆不再清晰，但他认为没走从医职业道路没选错，将医学与文学比较，医学手术刀治疗人的疾病外伤，而他的翻译文笔能抚慰人的心灵创伤。"多一根拐杖"，意味着能支撑起人的精神世界。

文学翻译是文化事业，也是一种人生追求。与郝运聊谈，他有时默默寡言，在这沉默中，或许能了解他的内心世界。他追求的不是"光荣""名利"，而是 peace of mind，即心灵平静、心安理得，是一种心灵境界，一种行为准则，唯有淡泊名利，自甘寂寞，永不停歇地去做事，才能达到心灵平静、心安理得。

郝运与他的好友、引路人齐亮交情很深。他至今仍清晰地记得，临别那一天，天刚刚有点亮，齐亮就匆匆跑到郝运的宿舍，把尚在梦中的郝运叫醒，对他说："你别起来了，我要离开昆明几天，可是我的手表坏了，我等不及修了，把它交给你，帮忙修修。你的手表借给我用用。"

郝运不以为然，就说："不碍事，你拿去用吧。"郝运将手表脱下，递给齐亮。

齐亮透出刚毅的眼神，望着郝运，刹那间，他恢复了平静，欲言而止，一绺头发斜伸在额头，丰润而白皙的脸庞流露出英武神态。他一边接过郝运的表，一边递出自己的表，时间在这一刻凝固。

直到新中国成立以后，郝运才知道齐亮在渣滓洞被国民党反动派杀害了，年仅27岁。每每想起这一幕，郝运感叹不已，常说自己走上翻译之路，与齐亮的指点分不开。

第四章

求职谋生

甘当编辑"为他人做嫁衣",做文学翻译是"种自留地"。

——郝运

三次面试

1946 年,夏天披着一身的绿叶,在一股热风中不停地跳动着到来。

郝运大学毕业了,他从昆明回到重庆市区家里。这时抗日战争已经胜利一年,这座被定为"陪都"而成为国统区的政治、经济和军事中心的"内陆香港",曾经商铺林立,人流不息,"西部之门"的朝天门码头一片繁忙,"首都第一街"都邮街市面鼎盛,每当日落西山,斜阳一抹,万家灯火犹如繁星闪烁,十字街头霓虹灯辉映,恍若幻境。

然而此刻呢? 自 1938 年日军持续大轰炸以来,这座城市变得满目疮痍。重庆城在血与火中坚守,在噩梦中熬过艰难的岁月。郝运回来了,却几乎不认识自己的家了。

终于与家人团聚,心里毕竟有说不出的喜悦。双亲对儿子的盼归之心更是难以言表。

这段日子里,郝运在梳理自己的思路,一个是自己未来职业是什么? 第二个是大学四年,学了法文、看了法语书,如果做翻译,是语言重于思想,还是思想重于语言? 对后者,其实也是他后来从事翻译工作中反反复复探究的。他主张,翻译工作是将"舶来品"翻过来,译成中国人看得懂的文字,以"懂"为第一要务,其中有雅言俗语,但都须言之有物,这个"物"包括人的情感、思想,而思想兼见识、识力、理想。就语言来说,大雅即大俗,大俗即大雅,尽管他受过严格的古文国语训练,但翻译仍力求以白话表达,这个白话的"白"是戏文里说白的白,是俗语"土白"的白,更是"清白"的白,是"明白"的白。新文学就是要用一种"白话"功能来承载新的思想与观念。与口语紧密相连的白话,在运用到书面表达系统以后,也许受局限限制很大,存在"说话的作用,并不够我们的使唤"的问题,那就要推出独到的白话文，超越说话的白话文，达到有创造精神的白话文，与法文同流的白话文。他阅读和翻译法国作品，是在说话以外还需要一个"高等的凭借物"，如同学者胡适、傅斯年倡导的"直用西洋文的款式、文法、词法、句法、章法、词枝（Figure of Speech）……一切修辞学上的方法"。直白地说，就是中国化的法国语，法国化的中国语。

这或许是学术论题，也是他做完论文后盘旋在脑海里的思考，而有一点渐渐明晰起来，翻译实际是为了表达思想。

受教于前辈导师，对翻译的信、达、雅，郝运最重视的是信。在他看来，信是翻译不可动摇的基本条件。但仅仅做到信，结果难免过于直译，直译不但"不雅"，而且还会有"不辞"的危险。在文辞与义理无法兼顾之处，郝运的原则是：宁以义害辞，勿以辞害义。大学的法语训练，使郝运认识到，要在不同的语境下采用不同的翻译方式，翻译是通过语言转换使源语所表达的思想在译语中传达出来，其中包括人物思想、性格、言行、举止，还有所处的时代环境、生活习俗等。

不过，当下该考虑的是什么？现在的首要现实问题是生计，先要想清自己未来能做什么。

带着这份疑虑，郝运和家人一起返回离开了九年的南京。生离死别、国仇家恨、飘泊劳顿、前途未卜……他心里五味杂陈，在前文所叙郝运那篇悼念弟弟郝连明的文章里，可以说是他的一种心理宣泄，也是对国民党政府专制独裁的无声抗争。

到南京后，父亲托人为郝运找工作，他一心想为儿子谋一份好差事。然而，郝运却有自己的打算。经历大学教育，受进步思想和学潮影响，他有了自己的择业志向，一定不放弃自己所学的专业，不放弃自己所酷爱的法国文学。

郝运想，哪怕一时找不到适合我所学的工作单位，也决不到国民党的军政机关去做事。然而在当时，这却是一个问题。因为父亲郝子华时任兵役部军医处长，抗战胜利后兵役部撤销，他虽一时赋闲，但他的朋友、学生都在军界、政界、医务界任实权职务，郝子华即便自己不出面，他那些朋友、学生也会不看僧面看佛面，出手相帮曾有恩于他们的这位上司、老师。于是，这些父亲联系好的单位，郝运又不能拒而不去。第一个联系好的单位是总统府，接待郝运的人是总统府主计长陈其采。

一场充满智斗的"特别应聘"开始了，一方是"有意栽花"，一方是"无心插柳"：

陈：你知道吗，从总统府派出去的人最起码也是主任、处长。

郝：不知道，这主任、处长是什么官？

陈：连这都不知道，难道你读书读得不懂世道？

郝：我读的是法文，法国的一些官职倒有点知道，颇有骑士风度，带有浪漫神采，整日里不是刻板绷脸，奉承阿谀。中国的官与法国的官一样吗？

陈愕然，沉默片刻，接着昂头眼皮朝上发问。

陈：在这里谋职，你看你行吗？
郝：不行，不行……

郝运连忙告退，第一次应聘不欢而散。

第二次是《扫荡报》社长黄少谷"面试"。此前，黄少谷任国民政府国防部最高委员会第二处处长，这次是在他家里接见郝运。也许还有点文人气息，他与郝运聊文坛轶事、外国文学，突然把话题转到正题上：

黄：看来你对外国文学在行。
郝：我读的就是法国文学系，不熟悉算是白念书了。
黄：这倒是。那你接下来想做什么工作呢？
郝：我还没想好，没有确定方向。
黄：那就到我们这里来做事，你来当记者吧？
郝：记者跑腿、干杂活，不如你把副刊交给我编。
黄：记者怎么是跑腿？做新闻里面名堂多得很呢。
郝：做记者只能写点豆腐块文章，在大学、学术机关一般都看不起这类豆腐块文章，何况我一旦写出新闻事实真相，你社长敢全盘照登么？

一时语塞。

黄：怎么可以将副刊交给你这样一个年轻的新手编呢？你知道编副刊需要哪些资历，你编过副刊么？
郝：大学里我和同学编过《兰烟》刊物，很受欢迎呢。
黄：那是学校，这里是堂堂的正规大报！
郝：你知道"副刊大王"之一的孙伏园，编《晨报·副刊》才几岁？那个黎烈文编《申报·自由谈》多大年龄？还有那个叫柯灵的主编副刊时才多少岁？再有主编《新闻报·快活林》副刊的严独鹤当时年龄不过大我三四岁？
黄：莫说了，你肯不肯当记者？

郝：不让编副刊，就免当记者吧。

……

第三是到国民党中央通讯社应考，时任社长为萧同兹（范泓：《未学过新闻的"中央通讯社"社长萧三爷》，刊《南方都市报》2012年12月9日）。这位从1932年5月接掌中央通讯社到1964年12月交卸中央通讯社管理委员会主任委员的新闻长官，对人才应聘别有一法，即当场考试。郝运硬着头皮走进国民党中央通讯社，见他们出了一个题目，即写篇作文，题目是"当今建国之路"。读文科出身的郝运看到题目心里有数了，其实很简单，你只要从"戡乱建国"这个思路去写，肯定错不了，但是郝运根本不想进中央通讯社，于是采取"弯弯绕"作文法，结果把文意落到另一层意义上，强调了"当今人心不古""必须从拯救人心做起"。如此一来，结果郝运落选了，中央通讯社的秘书长对郝运父亲说："你的儿子思想太糊涂了。"

郝运后来与笔者谈起，他还曾有过第四次机会"面试"，是一家军事机关。碍于父亲面子，他不得不去，可心里实在不愿意。一路上，他想象着，考官将是怎样的人物，或是身穿戎装、衣冠楚楚，或是老谋深算、笑里藏刀，这倒不要紧，就是有可能会有这样问题，如何面对考官回答问题，得想个法子应对下：

问：你为什么要到这里谋职？
答：我不知道，其实我不想来。
问：你知道作为军人的职责是什么？
答：我学的不是军事，不知道。
问：你知道军队的军纪、军容是什么？
答：我是一介书生，对军队规矩不懂，我不知道。

……

郝运边走边想到这一招，心想：无论考官是凶神恶煞，还是花言巧语，我干脆来个"一问三不知"。不知不觉中，他走到这家军事机关门口，但见四个身材彪悍、全副武装的卫兵硬挺着腰站岗，有人稍靠近就受到呵斥。郝运在不远处像闲人一样悠闲地徘徊了两三趟，看着这几个傲慢轻狂、八面威风的卫兵，心想这般阵势吓唬谁，简直羞辱我这个"考生"，于是立马掉头走人，干脆不进这个门。回到家被家人问起，他托辞说没考上，人家不要。郝子华又只能无奈。

这里补叙下郝子华当时的情况。1947年7月，郝子华被任命为参谋本部军医总监，中将军衔，这是军医界最高职衔。根据现有资料得知，1946年至1947年，蒋

深潜译海探骊珠 艺术评传

介石在军队里授予或追赠少将以上将军分别是 784 名和 867 名,这种笼络军队、收买军官、集中军权之举,无疑是鼓动人家为蒋家王朝卖命"戡乱",百姓由此讥讽为"校官满街走,将官多如狗"。郝子华得此职务,心里明白是有职无权的位子。到 1949 年,长子郝连清在陆海空军医院当军医,原配妻子傅翠华业已去世,便带着而后续弦的金氏(金氏后来生育三个儿子)与原配生育的一双儿女随医院从广州到了台湾高雄,从此一别三十年,天各一方。同年秋,一位国防部副部长对郝子华说,委员长要你一起去台湾,并给了他飞机票,但郝子华拒绝了。他对家人说,俗话说得好,打架是卷袖子,逃跑是卷裤子,老蒋是在卷裤子了,逃到台湾又能怎样?郝子华终于没有跟蒋介石跑,解放后政府对郝子华十分宽大,他平平安安地活到 1952 年(郝运的母亲刘敬华先于 1951 年去世),享年 60 岁。

这段插曲,对郝运影响极大,成为他人生之路的重要转折点。如果他选择在国民政府军政机关工作,不过是多了一个官僚或者职员,我国翻译界也就少了一名优秀的法语翻译家。

成家立业,当上法语编辑

郝运最终挑中了中国红十字会总会工作,他说:"这是一个慈善团体,空气比较自由,1947 年 2 月我进去以后,主要是协助编一本叫《红十字会月刊》的刊物,兼带搞些对外联络工作。"这段时间里,郝运利用空余时间,翻译、出版了第一本书《红十字会史话》,这是他翻译生涯的起点。

海上谈艺录 ◆ 郝运卷

郝运翻译出版的第一本书——《红十字会史话》

1949 年 5 月 27 日，上海宣告解放。当时在南京的红十字总会属于国际性组织，涉及对外关系，军管会未接管。随后，秘书长胡兰生令南京总会人员全部迁往上海，与上海办事处合并。是年 8 月，红十字总会迁上海办公。

总会迁往上海后，郝运认识了在同幢大楼工作的上海红十字会医院门诊部护士童秀玉，她与郝运同岁，是毕业于上海同德助产学校的杭州姑娘，从相识相爱到结婚成家，郝运说自己交了"好运"。他们结婚迄今已逾一个甲子，自幼体弱多病的郝运说自己之所以能有今天，全仰仗妻子和岳母的照顾。他说改革开放后数百万字的译稿，正是靠妻子一个字一个字不辞辛劳地帮助抄写。诚如《诗经》中所说"妻子好合，如鼓琴瑟"。

郝运与童秀玉结婚照

童秀玉婚纱照

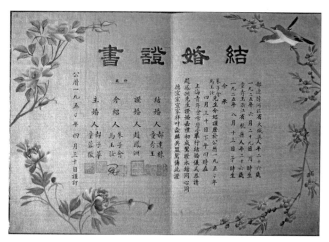

郝运与童秀玉的结婚证书

郝运与童秀玉结婚喜帖

在红十字总会，郝运担任工会主席，积极热情地参加革命工作。当时他风度翩翩，口才亦好，在红十字会、医务界，特别是当时在教会医院精通外语的一群医生中享有盛誉，赢得他们对共产党的好感。

深秋时节。华山路。红十字会医院。

身穿白大褂的医护人员集中在礼堂，脸色凝重，空气凝结，但见一高挑个儿、眼神闪亮的青年登上讲坛，一句非同凡响的开场白，让人肃然起敬：

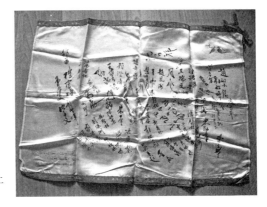

郝运童秀玉结婚当天，来宾在绢帕上的签名，很多名字可谓赫赫有名

本人姓郝，说的是好话。如果讲得不好，你们要睡觉，我不反对，但请不要打呼噜，以免影响别人。

会场顿时发出笑声，大家顿时清醒，提起神静听他的话音：

虽然我学的是法语，与你们医生职业是隔行如隔山，但我家里都是学医从医的，也算是亲家，一家人不说两家话，就说说知识分子该如何参加新中国的建设吧。倘若没有知识分子参加，中国的革命就不可能彻底胜利；你们是中国知识分子中的精华，有一技之长，是国家的有用之材，就这样的话题，我们一起来作点探讨。
……

一番诚恳的话语，大家点头称是，会场爆发出一阵热烈掌声，郝运此刻才发觉自己的脸涨得通红。

妻子童秀玉与他同岁，她回忆说，别看他现在话不多、许多事情常常想不起来，甚至有时会紧张得连话都说不出来，可当年他上台讲话可是出口成章，头头是道，而且很有风度，外语又好，让那些教会医院医生听得非常入迷。他还经常跑基层、跑医院，工作非常认真，待人真切。新中国刚成立时，随着一批批工厂复工生产，国民党反动派加紧了对上海的空袭，尤其是对电力、造船等重要工厂及车站、码头等交通枢纽的狂轰滥炸，妄图阻止上海经济的恢复和发展。1950 年 2 月 6 日，国民党飞机轰炸上海市区，造成全市停电停水、交通阻塞，街上陷入混乱状态，这是上海解放以来最严重的一次轰炸，史称"二六"大轰炸，当时医务人员到现场进行救护，他跟着我们一起去，救死扶伤，表现出色。

20世纪50年代，中苏两国关系友好，许多优秀俄罗斯文学作品深受中国读者喜爱。郝运除练习法文、英文外，还主动去俄语学校学习。他的读书方法很特别，主要听词汇、语法，尤其是掌握单词的方法，能学会查俄语词典的规律就行，他说学会查词典后就不去了，主要靠自学。

正当准备到北京中国红十字会总会落户时，郝运不幸患上肺病，经他二哥郝连杰工作的长征医院治疗（郝连杰当时任同济大学医学院助教、讲师，后升任副教授、教授），后到杭州岳母家休养。

郝运（右）与二哥
郝连杰

进入新世纪，郝运、
童秀玉（右一、二）
夫妇与郝连杰、
倪璇（左一、左二）
夫妇合影

20世纪50年代末期，郝运（后排中）与岳母童杏贞（后排左一）、妻弟胡炳森、岳母姐姐童蓉贞（后排右一）、岳母姐夫柴秉福（后排右二）以及妻子童秀玉（前排左二）、妻妹童秀峰（前排左一）、长子郝珉（前排右二）、次子郝玮（前排中）、童秀玉外甥女李黎英的合影

说到岳母童杏贞，郝运至今感怀不已，虽然她只有高小文化，却通情达理，善于持家。她姐姐童蓉贞，知识女性，读过燕京大学医预科，和林巧稚是同学，参加过"一二·九"运动，因为晕血，加上家中再也不能提供学费，后来没有上协和医学院（协和医学院实行八年制学制，其中五个学期即两年半在燕京大学特别生物系暨预医系就读，学习要求非常严格），而去读了神学院，成为基督教徒。她后来和杭州弘道女中第一任中国人校长倪雪梅是同事、挚友，曾任弘道小学部主任。童蓉贞英语极好，与"姑爷"郝运谈得来，可惜去世较早。郝运的小姨子童秀峰（后参军，考入中国人大法律系读书，分配到最高人民法院工作）因看到姐姐童秀玉不姓父姓，也定要跟着姐姐姓童，丈夫林毓熙（戏剧评论家，曾任职海军政治部文工团、文化部、国家京剧院）以及小舅子胡炳森（毕业于南京工学院，研究员，任职于航天部中国空间技术研究院兰州物理研究所）与郝运关系密切。

郝运有一段时间养病，住在岳母家，即杭州市区解放路皮市巷（现已拆除）。靠近西湖，风景优美，正如苏轼的那首《饮湖上初晴后雨》诗所道：

　　　　水光潋滟晴方好，山色空蒙雨亦奇。
　　　　欲把西湖比西子，淡妆浓抹总相宜。

岳母童杏贞对郝运非常好，专门腾出一个大房间让他单独住，她和小儿子胡炳森挤在小房间。郝运养病期间，有时静心卧躺，有时翻翻书，再就是走出门，到西湖边上散步。这段时日，月下徘徊，松下闲坐，静听溪水细语低吟，令人心神舒坦；看春花怒放，感觉宇宙充满了蓬勃的精神；见落叶飘零，则感觉衰景的凄凉，从大自然领悟到人性的崇高；观夏花之绚烂，览秋叶之静美，仪态娴静，淡雅旷逸，可得朗润儒雅之气。郝运的身体渐渐在康复。

养病期间，郝运也在反复思考，觉得应该而且也有条件去寻找一份学以致用、发挥专长的工作。法语翻译是他所长，应该照着这条路走下去。

经过两年多，也许是岳母的精心伺候调养，也许是身在这世外桃源，心情变得爽朗，身体恢复得不错。他拿定主意，一定要从事翻译，翻译是他的事业，也是新中国需要的行当。

1953年，在征得中国红十字会总会领导的同意后，郝运辞去该会的工作。其间他在沪与同在中法大学念书、比他高一级的同学王道乾交往，与他谈起自己的职业想法。

王道乾，古道热肠，与郝运是同学加挚友。他1945年大学毕业后，于1947年赴法留学，在巴黎索邦大学文学院攻读法国文学，1949年10月回国。1950年王道乾在华东局文化部工作，1954年任中国作协上海分会理事、《文艺月报》编委等职，曾参加《世界史》翻译、《法汉词典》编撰工作，改革开放后担任上海社会科学院文学研究所副所长、研究员、研究生导师。他以翻译法国女作家杜拉斯的《情人》而蜚声海内外，在汉语世界里创造了"另一个玛格丽特·杜拉斯"，笔下诞生出一系列杜拉斯作品，如《琴声如诉》《昂代斯玛先生的午后》《广场》《洛尔·瓦·斯泰因的迷狂》《物质生活》等，影响了中国一代年轻作家的创作。

说到这些，郝运说他是幸运的，在当年上海翻译界有一个群体，他们的翻译水平是一流的，可谓群星灿烂。王道乾在大学时代便与在西南联大读书的萧珊熟悉，听得郝运的职业意愿后，带着郝运拜访巴金、萧珊夫妇。巴金在文坛极具声望，人缘又好，热心助人，便介绍郝运加入由他创办的平明出版社。

1953年4月，郝运加盟平明出版社担任编辑，白天上班看稿审稿，晚上进行法语翻译。其间，他交上许多良师益友，包括法语爱好者、文学爱好者，特别是在翻译界，有祝庆英、汝龙、陆清源、叶麟鎏、傅欣等，他们切磋砥砺、和衷共济，度过一段难忘的岁月。

老翻译家陈良廷、刘文澜夫妇都从事过文学翻译工作，回忆起平明出版社往事时很有感慨，那时翻译人才济济，大家精力充沛，不但当图书翻译、编辑，而且还搞电影翻译、译制。陈良廷回想说："20世纪50年代初，大家听无线电学俄语，课后就去吴钧陶家（富民路口的别墅）开辅导学习小组会。吴钧陶身残志坚，自学成才，俄文非常好。他知道我在平明出版社译书，也有兴趣，就通过他父亲的路子去平明出版社做了编辑。""还有编辑祝庆英（《简·爱》的译者），是圣约翰大学毕业的，一辈子没结婚，帮吴劳校过《铁蹄》。她做编辑像吴劳一样认真，能捉出你细小的错误，她自己翻译也做得很好。她有个哥哥叫祝文光，是文史馆馆员，他们合译了《爱玛》。还有方平、李孟安。李孟安的爱人成钰亭（《巨人传》的译者）是平明出版社的法文编辑，早先在现在淮海路三联书店的地方开了一家'国英书店'，专卖法文、英文旧书。""还有一个编辑叫陆清源（笔名海岑），他父亲是20世纪20年代有名的鸳鸯蝴蝶派武侠小说作家陆士谔。陆清源精通英文、俄文，他和叶麟鋈、王科一、王永年公私合营的时候在新文艺出版社，号称'新文艺四大才子'，不幸到'反右'运动时，因之前讲过两句话都被打成'右派'；至于叶麟鋈，他被发配到青海，多亏总编辑吴岩（原名孙家晋）帮忙，把他调到了青海博物馆，后来回到上海在食品厂当工人，直到'文革'结束后进了上海译文出版社，开头在汤永宽手下编《外国文艺》，后来升上去了，做主编，然后再升上去做总编辑；王科一运气好点，剪辫子，没事了；王永年去了北京新华社总社……陆清源很作孽，下乡吃了很多苦头。三年困难时期，饿得没办法，到田里捉老鼠吃。'文革'期间他还被打成'小集团'，精神也有点失常了，回上海不久就过世了。"

这里有告别的失落，离去的依恋。

这里有希望的渺茫，憧憬的遥远。

如今回想，那时大家年轻，政治上比较幼稚，当然也没有其他杂念，只想做好业务、译出好书。郝运亦是这个念头，他知道，当编辑要审阅、编辑众多翻译书稿，头脑钻进外语世界里，没有太多思想禁锢，而且不少书稿等待他们细致审阅、修改，或者与译者推敲、磋商，顾不上想许多。有一次他接受编审一位女翻译家的《红与黑》的法文译著的任务，这个工作量巨大。在译界，郝运自然知道该翻译家的名气。她1933年获法国巴黎大学文学博士学位，是中国近代史上第一批女博士，回国后，先后担任过山东大学、华西大学、华东师范大学教授。译有司汤达《红与黑》、乔治·桑《安吉堡的磨工》、雨果《海上劳工》、莫泊桑《我们的心》等，她擅长翻译以心理分析见长的作品，被誉为"女翻译家中的佼佼者"。郝运当初还不到三十岁，他敬重名家，但亦不迷信名家，作为责任编辑要对读者负责，也是对译者"校雠"，所以他兢兢业业、一字不苟地核校、查对。不过，翻译也是"遗憾的艺术"，郝运当时也为其中的不足而感到遗憾。其实，1943年春，在四川嘉陵江东畔一个叫柏溪的幽静小山村里，有位叫赵瑞蕻的翻译家最早翻译了这部名著，四十多年后赵瑞蕻肯定该女翻译家的功绩，评价道："她的译笔生动流畅，为在我国普及《红与黑》这本杰作作出了贡献。"不过，他也坦言，有时她译选词"具有一定程度的随意性，只注意了译文的华丽与流畅，无意中忽略了原文的确切含义与感情色彩"。这自是后话，也像是一颗萌芽埋在郝运的心田，闪出有朝一日要自己重译法文原著《红与黑》的念头，不过，这个念头好长，一晃便是三十年！

郝运白天上班审阅来稿，晚上也从事法国文学翻译，他笑称是"种自留田"。那时翻译家的地位还算高，毕竟成家立业，长子郝珉出生，家庭开支增多。他翻译的第一部长篇小说是法国当代作家比尔·卡玛拉的《罗萨丽·布鲁斯》，于1954年出版。接下来翻译了苏联作家杜丹采夫的短篇小说集《尼娜车站》，于1955年出版；法国作家都德的长篇小说《小东西》于1955年出版。

郝运的翻译生涯是漫长而曲折的。20世纪50年代初、中期，因受苏联"老大哥"影响，俄罗斯文学风行，中国读者倾向读苏联文学，也造成"精神食粮"的偏食。当时强调和崇尚集体主义、英雄思想、献身精神，有着积极的时代意义，但亦产生某种局限，导致读者的视野狭隘，不能以世界性眼光，公正、客观地对待各国的文化及文学，包括拥有几千年历史的中华文明和中国文学。

从语言角度，当时读外语以读俄语为荣，法语作为小语种未被人们重视，法兰西文学在中国传播力度相当有限。其实，欧洲各国都有自己伟大的一流作品，郝运翻译都德作品，自有见地——尽管那时翻译作品均为上级布置，但都德的《小东西》实是名篇，半自传式地记叙了作者的人生经历。

都德生于法国南部普罗旺斯省斯尼姆城一个丝绸批发商之家，由于父亲破产，家境困顿，15岁就被迫辍学谋生，在一所中学里当辅导教员，备受学生戏弄与同事轻视，早尝了世道的辛酸，也由此获得了日后写作其名著《小东西》的真实经历和真切感受。这部半自传式的小说，是都德的代表作，记叙了作者青少年时期因家道中落，不得不为生计而奔波的经历。它以俏皮和幽默的笔调描绘资本主义社会人与人之间的冷酷关系，集中表现了作者的艺术风格，不带恶意的讽刺和含蓄的感伤，也就是所谓"含泪的微笑"，因此都德有"法国的狄更斯"之称。

语到极致是平常。郝运的翻译力求平实、平和的风格，这大概与他的老实、和蔼、不伤人、不生气的脾性相吻合。

天有不测风云

1955年底，平明出版社并入上海新文艺出版社，郝运也随之进入该社，仍然担任法文编辑，业余继续翻译。尽管他思想进步，社会工作也积极参与，但因倾心于法国文学翻译，使他对当时的政治气候、社会环境渐渐有所漠然，以致开展整风、"反右"运动开始时，他还不习惯要天天开会，听领导讲话，听时事报告，对于"大鸣大放"之类的政治词汇，郝运感到迷茫、懵懂。好在妻子提醒他尽量少说话，不要轻易表态，态度要端正，口气要软和，这时郝运有点醒悟，自感家庭出身不好，且大哥和继妻携儿带女去了台湾，虽然已经像"风筝断线"，父亲得到政府宽大，业已去世，但这块心病难以治愈。所以原本活跃、能说会讲的他变了，变得沉默寡言，每逢学习开会便躲在一边，不轻易发言。他说，那时他经常睡不好觉，总感到前途未卜、命运多舛。

每临夜晚，心头一股难以名状的孤寂袭来。在书桌旁，郝运抬眼望天，虽然天空只有淡淡浮云，他却觉得似有无边愁云笼罩上空，月色变得黯淡无光。

1957年"反右"斗争严重扩大化后，"资产阶级知识分子"这顶帽子重新戴到知识分子的头上，沉重地压抑着知识分子。"大跃进"和人民公社化运动以来泛滥的"左倾"错误，对知识分子集中的科技、教育、文艺、卫生等领域冲击很大。在翻译界也是如此，郝运与大多数知识分子一样，积极性受到极大伤害。在此期间，他采取政治上"迂回"、翻译上"出击"的策略，当然只能大隐隐于市，在家夜深人静之时，潜心于他的翻译世界。

悄然而降的夜晚，一盏青灯，一杯清茶，他忘我地工作，觉得自己的前途已经燃着光明的火炬，照亮行进的步伐，那种烦闷苦恼一扫而光，心气变得高远，黯黝踩在脚下，脸上露出天真、满足的笑容。

至"反右"斗争后期，郝运突感身体不适，检查下来是肺病复发。1958年，郝运离职，一边休养，一边在家从事翻译工作。他虽没被戴上"右派"帽子，倒是套上了"病号"帽子，究竟后面的命运如何，他还是茫然。

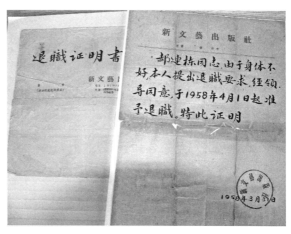

郝运在新文艺出版社的退职证明书

第五章

乍暖乍寒

只要能从事翻译就好；那年代总算做了一件有意义的
工作。

——郝运

在上海编译所的日子里

20世纪六七十年代，命运之神似乎并没有特别眷顾郝运。

郝运的性格朴质无华，淡泊名利，了无心机，待人友善。他与笔者说起，只要
能从事翻译工作，比做什么都好；一旦投入翻译工作，必须心无旁骛，尽可能译得
贴实、真切、完美。确实，真实的、不可遏制的兴趣，是翻译工作的前提和动力。
对郝运这代翻译家来说，这是真正的自由职业，他认为，人最好的职业是有业无
职，无职务、职称、职级、职衔之束缚、羁绊，能够自由支配自己的时间，做喜欢
做的事，特别对翻译家来说，前提是他们真正热爱艺术、文学、语言、学术。至于
职务、职称、职级、职衔俱全而唯独无事业的所谓学者、作家、艺术家、翻译家，
虽然光彩夺人，脸面风光，但缺的是实心、真心，做的是无心、空心，最终昙花一
现，像一晃而逝的流星坠落于苍穹。

由于翻译工作的特性，郝运那代翻译家那时大都居家译书，他们的生活经济来
源大都是译书稿费。这些自由职业的文化生产者也形成了他们的朋友圈，可谓行业
同道或者译界友人。这些"散兵游勇"，其实是翻译界一个庞大的群落，散落各方，
专业实力雄厚，他们没有固定的组织，没有在职的编制，自然也就没有相对的领
导，仅靠相互间介绍、推荐而译书交出版社，出版社一般先预支稿费。郝运在这三
年里仅靠翻译挣得稿费，好在妻子童秀玉有着全职工作，全家生计虽不大富大贵，
比起一般人家还算丰裕。

1961年6月上海编译所成立，他被聘为所员，至1964年这几年，郝运有充足
的时间从事专职翻译。说到上海编译所，郝运自然难以忘怀，可能当时政府认为我

国翻译人才四处散落，不仅浪费文化资源，而且不利于有效、集中、系列地翻译介绍外国文学作品，包括世界名著。成立编译所对我国的文化事业无疑是良策，是文化界、翻译界的一件幸事。当时的政治气候乍寒乍暖，对知识分子的改造运动始终没有停止，把分散在社会各方的外语人才集中起来似乎更有利于管理和思想改造。郝运记得编译所成立时，时任上海市副市长金仲华（1907—1968，新中国成立后，先后任《新闻日报》《文汇报》社长、中国新闻社社长、英文版《中国建设》杂志社社长、上海社科院国际问题研究所所长等职）等人参加，上海出版局局长又是著名语言学家、宗教学家、出版家、杂文家的罗竹风（1911—1996）作了热忱发言。

　　为何成立上海编译所，有同行回忆说，20世纪60年代初，以从事外国文学作品翻译为业的知识分子简直已面临无书可译的绝境，出版界一些负责人认为，若无书可译，任他们作鸟兽散，将来再要重新聚拢来恐怕更非易事，于是诞生了上海出版局下属的上海编译所（筹），前前后后陆续吸收了19名所员，所员不入编制，无工资，无医保，无所员证，每月发数目不等的津贴，或称车马费。他们似乎是客卿，每周集中到所里学习一两次。那时上海新文艺出版社已更名为人民文学出版社上海分社，编译所与出版社的领导合二为一。1966年"文革"爆发，十年浩劫，十几名所员中受冲击最厉害的莫过于草婴（原名盛峻峰，1923—2015）、满涛（原名张逸侯，1916—1978）两位。草婴被戴上"中国肖洛霍夫""苏修特务"之类的"帽子"，很快就被隔离审查，不准回家。满涛虽然没有给关起来，但他曾经被划成"胡风分子"，而他研究、翻译的别林斯基文艺理论著作更是成了所谓胡风集团攻击党的"锐利武器"，满涛本人长期患高血压，成为"死老虎"，陷入"四面楚歌"的境地。

　　也有人回忆道，当时中共上海市委要组织一批翻译力量，办一个编译所，由市委宣传部的白彦和出版局的丁景唐牵头，草婴具体筹备。先摸底：全市大概有一百多个搞翻译的。再挑选：出版社有哪些基本的文学译者，政治方面好一点，文字方面好一点，出过书的。再问生活情况如何，有什么困难。这样筛选了四五批，第一批选了13人。草婴做编译所的头，满涛（俄文、法文都好，他作为"胡风分子"，此时已落实政策）和罗稷南（1898—1971，译过高尔基作品）有政协委员和人大代表头衔，这三个人第一档，一个月120元。韩侍桁（1908—1987，《雪国》《红字》译者，"文革"时因此被揪）、李俍民（1919—1991，《牛虻》译者）、陈梦海（时代出版社编辑）、冯鹤龄（时代出版社译者）都是作家协会外文组的，这四个人第二档，一个月80元。陈良廷、徐汝椿、蔡慧是英文的，吕翼仁（1914—1994，笔名左海，吕思勉之女）是俄文的，李孟安是法文的，属于第三档，一个月60元。还有丰一吟（丰子恺次女），一个月40元。过了几个月又吸收了第二批五个人，包括荣如德、吴力生、侯浚吉（从美国回来，会英文、德文）。白彦在香港认识中国银行的经理程慕灏（作家程乃珊的祖父），他说有一个女儿叫程莲华，震旦大学毕业的，从香港回来了，但没翻译过书，白彦也把她吸收进来。后面还有个叶群（笔名叶冬心）。总共19人。这是"编内"的，当然还有"编外"的。办公室就设在后来上海译文出版社的地址，即延安中路967号。这里本来是中国银行俱乐部，当时是人民美术出版社的办公室，让出两层楼面给编译所。办公室里有五个人坐班，包括党支部书记傅禹华（老干部，女）、周朴之（译过两本俄文书，党务工作者）、郭振宗（普通职员，笔名学婴、冯春，是《普希金文集》译者），不坐班的人就两个星期去开一次会，参加政治学习。当时市里很重视，和他们开会、讲话的都是领导，金仲华、白彦、杨永直都来讲过话。行政上，他们属于上海文艺出版社兼管，因此蒯斯曛、包文棣、孙家晋都经常来一道学习。

郝运当时很高兴能与各语种的翻译工作者团聚一处，有益于相互交流、切磋，使外国文学作品翻译朝高水平、高质量方向发展。由此，他还交了许多译界新老朋友，像满涛、荣如德、草婴、盛天民、任溶溶、陈良廷、丰陈宝、丰一吟等，有些本是他认识的同学或挚友，如王道乾、傅欣、叶汝琏、祝庆英、孙家晋、汝龙、陆清源等等，可谓俊采星驰、胜友如云。

1960 年代，郝运（中）与大学同学
王道乾（左一）、傅欣的合影

上海的翻译苑地本该山花烂漫、万木争荣，可在乍寒乍暖的政治气候里，翻译界却变得寂寞、冷清，特别是在"反帝反修"的口号下，翻译俄罗斯文学作品、西方文学名著成为"禁区"，翻译工作者只能噤若寒蝉，默然以对。有人回忆写道，上海编译所是人才济济、藏龙卧虎的译界宝库，这里曾云集了一批翻译名家，其中有罗稷南、满涛、草婴、李俍民、郝运等。他们中多数曾是自由职业者，靠从事翻译的微薄稿费养家糊口。在上海编译所，这些翻译家大都属编外人员，没有医保，每

海上谈艺录 郝运卷

1960年代，郝运（右二）、童秀玉（右一）与翻译家祝庆英（中）、汝龙（左一）的合影

1960年代，郝运（中）与翻译家汝龙（左一）、陆清源的合影

月仅领取60元津贴，但要参加所里定期的政治学习。中国的翻译家可以说是最能吃苦耐劳、最甘于坐冷板凳的群体，他们安贫乐道，默默地为他人作嫁衣，为读者提供精致、优美的外国经典文学作品。

编译所的创立可能是上海翻译史上一段既光鲜又凄凉的短寿史，如今在世者寥若晨星，知晓者亦大都是"耄耋之年"，"千秋功罪，谁人曾与评说"，历史将不会遗忘。现年已逾"耳顺之年"，郝运长子郝珉如是回忆：

1960 年代，郝运（中）与同学、
翻译家傅欣（右）、朱景良的合影

　　编译所成立后，基本上可以代表上海的外国文学翻译力量。还有些，因历届政治运动，尤其"反右"，损失最大，优秀翻译人才如残星般地陨落，像叶麟鎏、吴劳等不是发配到外地，就是在工厂当工人。以草婴领衔的编译所，我称之为"遗少"最后的庇护所，这些人在解放前受过外国语教育，家庭富裕，生活优越，大都毕业于名校如圣约翰等教会学校，大部分不像我父亲住旧式石库门，而一般住在上海的洋房、公寓里，他们完全凭兴趣从事文学翻译。来我家最多的是徐汝椿、荣如德（荣年龄最小，他们叫他小荣，专译英、俄文，为人很低调，有人认为他的译文最好，译文社的有位女领导说他的译文真棒，我读过他译的书，我也这样认为。但他和我父亲一样，从来不对人家评头论足，也没兴趣吹嘘自己，很少对翻译理论发表意见），还有陈良廷、丰子恺的小女儿丰一吟等等。还有些是编审，如祝庆英阿姨，我小时候去得最多的是她在淮海坊的家。还有住在原上海美术馆对面弄堂里的满涛，他的妹妹张可（1919—2006），著名学者、文学评论家王元化（1920—2008）是她的丈夫。我后来读大学，硕士毕业进上海社科院哲学所后，我去过王家几次，见到张可，她还记得我父亲，称他连栋。父亲后来让我送了几本书给王元化夫妇。

　　翻译家周克希也曾这样回忆，他说在他的翻译道路上有很多亦师亦友的前辈。三十多年前，当时他还只是翻译"票友"，常带着自己誊抄的译稿拜访翻译界前辈郝运，"在我想象中，郝先生应该住在一栋面对草坪的小楼上，精致的大书橱里摆满外文书，喝着咖啡，说不定还抽着烟斗"。但到了那里，周克希发现，郝运住在一栋旧式石库门房子里，还要穿过几家合用的厨房，爬一条又陡又窄的楼梯，最终才在一堆凌乱堆放着的稿纸后面见到了郝先生。令周克希欣喜的是，他的翻译习作得到了郝运的肯定和鼓励。

郝珉还提到，编译所的才子、才女们不但文学造诣深厚，而且精通西洋音乐，待人接物和蔼可亲，言谈举止优雅不俗，对翻译事业终生追求、矢志不渝，有的终生未婚。郝运没向笔者谈及这些，但他很追念他的这些朋友，珍惜这些私谊，总说自己的翻译成就不如他们，大家共同追求，一起努力，只不过自己比他们活得长些。

两本译作被斥为"爱情至上"

在上海编译所期间，郝运有充分时间从事翻译工作。可是，当时中国"闭国锁门"，政治运动不断，"极左"思潮在意识形态、上层建筑领域频频冲击、泛滥成灾，社会上"反修""反资"，报刊上"狠批毒草"，在这样的形势下，外国优秀文学作品很少能被介绍出版，甚至出现这样一种论调：出版社少出书少犯错误，不出书不犯错误。

最让郝运伤心、遗憾的是，他费了很长时间翻译出法国著名作家司汤达的长篇小说《帕尔马修道院》（原译名为《巴马修道院》），交稿后却一直被压着；而另外一部大仲马写的小说《黑郁金香》，亦遭到了出版社退稿，"理由"是这本书宣扬"爱情至上"。

司汤达（1783—1842）是法国 19 世纪上半期一位杰出的批判现实主义作家，他鲜明的反封建复辟的思想倾向，对当时社会阶级关系的深刻描写，和在典型性格塑造中出色的心理分析方法，对整个法国乃至欧洲文学史产生了重要影响。

司汤达生于一个资产阶级家庭，早年丧母。父亲是著名律师，信仰宗教，思想保守，敌视 1789 年的革命。他生活在冷冰冰的资产阶级家庭中，深受父亲和姨母的压制和束缚，从小就憎恨自己的家庭。在外祖父的影响下，司汤达很早就阅读伏尔泰、孟德斯鸠和卢梭的作品，对卢梭尤为崇敬，把他视为"思想最高尚、才能最伟大的人物"。司汤达后来从军，脱离军队后到意大利米兰旅居七年，其间他读书、旅行、欣赏意大利的音乐和美术，正式从事写作，后又回到巴黎赋闲。司汤达在写出长篇名著《红与黑》（1830）后，1831 年任法国驻教皇管辖的意大利小城奇维塔韦基亚的领事，后于 1836 年请了三年的长假从事旅行和创作，写出了他的另一部名著《帕尔马修道院》（1839）。主人公法布里斯出身贵族，但是他从小崇拜拿破仑。百日政变时期，他参加了滑铁卢战役，在溃退后负了伤，从此就谈情说爱、游戏人生，甚至因争风吃醋而闹出人命，被囚禁在帕尔马国的一座圆塔里。负责守塔的是康梯将军，法布里斯早年见过他美丽的女儿克莱莉亚，进塔后仍与她在窗口遥遥相望。后来法布里斯被判无罪，克莱莉亚已经嫁人，但在他的追求下成了他的情妇，有了一个儿子。法布里斯设计把儿子劫走，但儿子因不适应新的环境而死去，克莱莉亚悲痛欲绝，不久去世。一年以后，法布里斯也在帕尔马修道院忧郁而死。

《帕尔马修道院》塑造了一个生不逢时的意大利青年法布里斯，通过他的经历，反映了拿破仑时代到复辟时代的风云变幻，以及意大利北部地区争取民族独立的斗争。司汤达对战争有亲身体验，写起爱情来又得心应手，所以他仅用52天就写完这部小说。出版后得到了巴尔扎克的赞赏："这个美丽国家的精神、天赋、风俗、灵魂活在这部永远吸引人的长戏里头，这幅广阔的壁画画得这样好，颜色用得这样壮美，深深打动人心，满足最难伺候、要求最高的心灵。"实际上，司汤达在对意大利的自我认同中完成了对法国社会的批判。书中色彩鲜明的意大利风景和详尽生动的描写，在某种程度上构成了对意大利精神和土地的赞美。不管从什么角度来读，《帕尔马修道院》都以其清晰而富于魅力的特性，以及那弥漫全书、充满淡淡的忧伤和渴求浪漫奇遇的快乐气氛强烈地感染着读者，凸显一个意气昂扬、追求幸福的理想化的主人公形象。这部译作是批判现实主义的杰作，在那个以"阶级斗争为纲"的时代，只能被斥为"为资产阶级唱赞歌"。对此，译者真是只有徒唤奈何。

至于大仲马（1802—1870），除了《三个火枪手》《基督山伯爵》外，他还有另一部长篇小说《黑郁金香》，说其宣扬"爱情至上"，因此中文版不得出版，郝运听了也有点哭笑不得。

文学是现实的反映，历史事件与文学作品总是相连的。每个作家由于经历、气质不同，形成各自不同的风格，例如伏尔泰的尖刻讽刺，狄德罗的贴近现实生活，卢梭的忧郁感伤等。19世纪是法国政治上最动荡的时代，也是法国文学史上最辉煌的时代，因为动荡不安的社会生活正是产生各种文学思潮的温床。经历了惊心动魄的法国大革命，资产阶级需要诉说自己的忧伤或者理想，贵族阶级更是感叹今不如昔，留恋他们一去不复返的天堂，在这样的形势下，浪漫主义文学应运而生，雨果的社会小说、大仲马的通俗小说、乔治·桑的田园小说、凡尔纳的科幻小说，使法国浪漫主义文学一直延续到19世纪末。大仲马出生于法国维莱科特雷，与他私生子同名，后人对他们用大、小仲马来加以区别。大仲马没有受过什么教育，但有健壮的体魄、超人的勇气，他21岁时到巴黎谋生，由于写得一手好字，在父亲生前好友的帮助下，当上了奥尔良公爵办公室的抄写员。他利用这个机会刻苦自学，获得了广博的知识，为日后创作奠定了坚实的基础。

19世纪30年代，法国印刷业、新闻业发展迅速，报刊读者大量增加，大仲马以自己熟练的写作技巧和丰富的想象力，成为当时首屈一指的通俗小说专栏作家。

1844 年《三个火枪手》的巨大成功，赢得和奠定了他作为历史小说家的声誉与地位，同时发表的《基督山伯爵》也吸引了整个巴黎民众的眼球。

大仲马小说作品数量惊人，多达 500 卷以上，大部分都是他 19 世纪 40 年代以后与历史教师奥古斯特·马盖等人合作写成的，尽管这种合作也给他带来一些非议，但无疑他本人还是一个勤奋的写作者，他每天工作 10 小时，精力充沛，文思敏捷，写起来不加标点，一挥而就。每写完一张稿纸就扔在地上，然后由秘书送去付印。巨额的收入使他成为百万富翁，他的生活也日益奢侈、十分放纵，总是入不敷出，最终穷困潦倒。他的《黑郁金香》以 17 世纪荷兰资产阶级革命时期激烈的政治斗争与动荡的生活为背景，以培植黑色郁金香为线索，描写了一对青年男女可歌可泣的爱情故事：高尚、正直的凡·拜尔勒正在研究、创造郁金香新的品种——黑郁金香。他的邻居博克斯代尔也是郁金香的培育者，行径卑鄙阴险，正当凡·拜尔勒即将成功之际，他向当局告密，说凡·拜尔勒的义父曾把一份反政府的密件交其保管，于是凡·拜尔勒被投入监狱。在狱中，他与狱卒的女儿萝莎真诚相爱，于是把偷偷带进监狱的宝贵的黑郁金香球根交由萝莎培育。在萝莎精心照料下，黑郁金香终于开花了，想不到博克斯代尔窃取了黑郁金香……最终博克斯代尔的阴谋败露，暴毙而终，这对青年男女喜结良缘。故事情节一波三折，惊心动魄，反映当时的时代风波，演绎人性的真善美。20 世纪 60 年代，在中国文坛有人将这样的题材、名著说成是"爱情至上"，是资产阶级情调，表面看风马牛不相及，实质上是一种"极左"思潮的表现，也为后来的"文革"推波助澜。近二十年后《黑郁金香》重见天日，郝运在译作序文如此写道：

郝运译著《黑郁金香》

凡·拜尔勒和萝莎，一个是判了无期徒刑的要犯，一个是监狱看守的女儿，他们的爱情是纯洁的，真诚的，它和博克斯代尔的仇恨和忌妒以及格里弗斯的凶狠残暴形成了强烈的对比。他们历经艰辛，合作培育出的黑郁金香正是他们爱情的象征！

世上是否真的有黑郁金香呢？译者孤陋寡闻，但译者看到1983年5月16日的《新民晚报》有枕书先生写的一篇名为《郁金香》的"博物小识"，提到这样一个传说：海牙有一个皮匠所种的郁金香中，有一株开了黑花，马上有人来向他求购，最后这株黑郁金香换得一千五百金币。但来人接过那株黑郁金香，立即将它摔在地上，狂暴地践踏它，不用说皮匠，连旁观者也给弄糊涂了。原来这人自己也种郁金香，巧的是他也种出了一株黑色的。为了保持"唯一的黑郁金香"的称号，他不惜代价，不择手段，非把对手摧毁不可，他一边踏，还一边对皮匠说：五分钟以前，你如果要一万金币，我也只好给你。

译者引用了这个传说，目的在于说明黑色的郁金香即使没有，也是人们的一个梦想。梦想如果不是空想，也有实现的机会。也许早已经实现了，只是译者不知道罢了。

这篇序文写得很幽默，虽说的是种黑郁金香，也把某些怀有"极左"思潮的人的内心世界、真实动机入木三分地揭示出来。

"文革"爆发，雪上加霜

1966年夏季，中国爆发了"文革"运动，对这场民族灾难、文化浩劫的评说，尽管不时沉渣泛起，老调重弹，但老出版家、原国家出版局代局长陈翰伯（1914—1988）说得好："'文化大革命'的教训，就是永远不要搞'文化大革命'。"原新闻出版总署副署长、党组副书记兼国家版权局副局长刘杲也说道："什么二八开、三七开、四六开，甭开了！"正是一语中的。拿上海翻译界来说，翻译人才大量"流失"导致"断层"，老翻译家纷纷被"打倒"抑或"发配"，甚至被迫害致死。著名法文翻译家傅雷不堪受辱，夫妇双双自杀身亡；著名俄文翻译家草婴被下放到农村参加强制性劳动，因十二指肠大出血、扛水泥包胸椎骨被压断而险些丧命；著名翻译家董秋斯（1899—1969）、李青崖（1886—1969）、满涛（1916—1978）等都因"文革"身心受到摧残先后去世；郝运的至交陆清源、汝龙、祝庆英等都受到"文革"冲击，受到不公正待遇。

中国的知识分子约有三种类型：一类是恃才傲物，嬉笑怒骂，结果招来是非，惹下事端；一类是谨小慎微，寡言少语，也许准备一辈子挨欺负、受压制；一类是乐观豁达，笑口常开，所以常能避开风浪，千忧万愁对他无奈。不管何种性格，中国的知识分子大都坚韧不拔、具有操守，即便在绝望中也对自己的职业生涯抱以希望。处在全国意识形态风口浪尖上，有人大红大紫、不可一世，有人心情郁闷、默默抗争，有人玩世不恭、竭力躲避……或许自感成分不好格外谨慎，或许家有妻子的指点，郝运在"文革"中没有受到致命打击，一如既往地温和清静，既不抱怨，也不摆功，"心辩而不繁说，多力而不伐功"。人生难得是心安，不卖友求荣。他回忆道：

"文革"开始后，我的翻译工作完全停了下来，每天到人民文学出版社上海分社去参加学习。每天早上上班后，领导我们编译所所员学习的某领导见了我就要我揭发同事满涛。满涛是我进了编译所后才认识的，平时又不上班，只有在每周一次学习时才见见面，因此我们这些所员之间，一般都不熟悉。有次上他家拜访，还是跟这位领导一起去的。满涛翻译俄文作品，颇有名气，但我对他的身世不熟悉，没法写大字报揭发，感到十分痛苦，夜里吃了安眠药也睡不着觉。后来这位领导也出了问题，撤掉了领导我们学习的职务。工宣队找到我，要我领导学习，这位下了台的领导写了检查，交给我，要我看看，提提意见。我对他说，你交来的检查，我一个字也不看，负责给你转交给工宣队。事实上，我也确实这么做了，为了省掉麻烦。

郝运家合影，后排左起：郝玮、郝运、郝珉；前排左起：童秀玉、童秀玉姨夫柴秉福、郝运岳母童杏贞

053

"文化大革命"开始后，让我头痛的一件事，是有人贴出了一张勒令退还预支稿费的大字报。自从我进入编译所后，每个月的生活费是60元。编译所每月派人给我送来60元，另外还送来100元的预支稿费。这样一来，再加上我妻子的工资，生活是没有什么困难，但是我翻译的书不能出版，两年多下来，我欠下了2000多元，不敢再欠下去，于是要求停付预支稿费。"文革"爆发后，有同事贴出大字报，指名道姓地勒令欠预支稿费的人退还，我也在其中。最后工宣队决定每个月从我的生活费中扣20元。这样一来，我每个月只剩下40元的收入。更糟糕的是，1970年我的长子郝珉插队落户去了江西省广昌农村，1971年我的妻子童秀玉又随厂内迁到四川省内江，支援"三线"建设，家里只剩下我，以及刚进初中的次子郝玮和七八十岁的老岳母。"文革"期间，主要靠我的妻子来支撑这个分散在三地的妻离子散的家庭，她每月收入93元，按月寄回70元，仅剩下23元维持最低的生活，我打心里万分感激我的妻子，并抱有无限歉意。

往事如云，不堪回首。对这段历史，长子郝珉提供了具体细节：

> 我1970年4月1日去江西插队，1976年去河北插队，1977年进银行工作；1978年考入河北大学历史系读本科；1982年考入武汉大学哲学系读硕士；1985年6月毕业进上海社科院哲学研究所。

> 小时父母很重视对我们的教育。我1960年进小学，记得吃完晚饭就要在亭子间做功课。家庭老师是父母加外婆的姐姐童蓉贞，我们叫好婆，辅导算术、语文，每天都有家庭作业。我开始学描红本，父亲亲自示范。后来临帖，给我们拿出柳公权、欧阳询帖来临。父亲还教我怎么写作文，怎么开头，怎么结尾，怎样描述，标点怎么用。发现我喜欢画画，让我报名参加少年宫绘画班。他拿出他多年收藏的西洋画册给我看。父亲忙时，我们的功课由母亲来管。所有的一切，到了"文革"开始就变了。那时"停课闹革命"，学生"大串联"，我们人小自然不能去，直到1968年进中学读书。

> 我去农村插队的次年，母亲也内迁到四川内江，母亲本不想去，但没路子，不可能换个工作，不去四川意味着没有工作，没有工作就没有收入，那时父亲虽然上班，其实还是拿津贴，每月六十，再每月扣去以前预支的稿费，只有四十，怎么养活一家人。母亲明知父亲离不开她，硬着头皮都要去。我去江西那天，母亲知道不久后她也要走，一家不久就要散

了，我和妈妈哭得惊天动地。听说母亲走后那晚，父亲流了一宿泪，真叫妻离子散啊。弟弟还在上初中，幸亏外婆身体还好，家务和照顾父亲的重任就压在她肩膀上了。

这算是幸运的，郝珉的同学、邻居、插友也有他们的回想，如今虽也是逾六旬老人了，但"文革"中他们常到郝珉家趁郝运不在时偷借外国文学作品阅读的情景仍记忆犹新。郝珉说：尽管我们家有海外关系（大伯郝连清携妻带子去了台湾），所幸没有被抄家，家中两大橱书后来成了我一帮同学、邻居、插友的图书馆。父亲的藏书大部分是外国文学，还有一部分中国文学和古典文学。来借书的是我从小学到中学到插队的同学，这一部分人很守规矩，有借有还，看过还像新书。他们到现在都是我的好朋友。他们从江西回沪后，有的进了大学，有的边工作边读书，分别成了厂长、高级会计师等经济管理人才。郝珉向笔者转述了他们的文字：

　　我们去郝家借书，如果郝伯伯在家，出于礼貌我们会规矩和收敛些，如果他不在，我们就比较放肆。规矩的方式是隔着书橱玻璃看书名，看准了就拉开橱门把书拿出来，放肆的话就会把书一沓沓拿出来挑。其实那个时候我对外国文学特别是法国文学完全一无所知，以前仅仅看过一些国内传统的红色图书，因此要选什么书要么从书名来判断，要么就草草地翻一下，主要是看书的故事性强不强，还有就是根据其他同学的推荐来选书。而读这些书也往往是囫囵吞枣，既搞不清历史背景，也领略不到精华内涵，最多是记住了散碎的故事内容。

　　在读郝家的那些藏书时，不经意中发现这些书有一个特点，就是为帮助读者了解和读懂，译者往往作了大量的注释，有关于历史背景的、地理环境的、人物的、民俗风俗的，甚至还有关于稀有植物的，可见那时候的译者对读者是多么负责。为了让读者了解全貌，像郝伯伯这样的翻译家呕心沥血、用心良苦，要付出多少艰辛的劳动。那堆放在书桌旁一摞摞的词典就是他们最真实的工作写照。

　　郝家的那些藏书伴随我们走过了少年和青年时代。虽然过了几十年，但郝伯伯对年轻人在文化和认知上的关心和引导仍记忆犹新。我返沪后也没搞什么文字方面的工作，加上平时忙于工作和家庭，读书远远少于当年，很惭愧。虽然很难说读书就能决定一个人的价值观和人生观，但对我来说有一点是肯定的，读书帮我建立了基本正确的是非观，使我看到了人性的力量。

怀念那青葱的年代；思念那些朝夕与共的同学们；感谢郝家的那些藏书。

郝伯伯是我好友郝珉的父亲，想想从"文革"初期开始，十几年时间，享受着这项红利和获得感，不断地从他家的书橱中借阅或偷窥外国文学书籍，并有幸聆听到郝伯伯的读书要义点拨和处世立身教诲，受益匪浅。

不单是法国文学，还有众多赠本，我印象较深的是草婴的译作，比如翻译托尔斯泰、肖洛霍夫、屠格涅夫等名家名著，读后让人浮想连翩，思想开阔，原来人可以这样活着！

当时，有一个时髦用词：大批判用，然而，它却影响了我们的知识范畴，让我们认识了社会、生活和人性，尽管只是粗浅的认识，但还是学会了思考和做人……在我怀念那些岁月的时候，我不会忘记那些有益的、无声的启迪。

那个年代由于知识的贫乏，对法国那段革命性的历史一无所知，读小说只读其中内容，根本搞不清历史的内涵和来龙去脉。郝家的大书橱浸透了法国大革命的痕迹。

在那物质短缺，人们的精神食粮更为匮乏的年月，是郝珉你把我们带到了你父亲的书橱前，让我们有幸知悉了左拉、巴尔扎克、司汤达、托尔斯泰等等外国文学巨匠。对我们这些无知少年来说，不啻是干涸中的一捧甘露，是这些书填装了我们空乏的心智，至今还让我一直感怀那段时光！

郝家的书橱，就像机器猫的那只口袋，应有尽有，只要你去掏，总能掏出几本你想看的。同学提到的那几本书名，让我倍感亲切，回忆起来有种舍不得看完的感觉。

"文革"期间外国文学翻译荒芜、凋零，莫说其他被"打倒在地"的老翻译家，像郝运这样年富力强、经验丰富的翻译家也只得"靠边站"，小心翼翼地度日如年。没想到，他的藏书却给予这些年轻人以极大的教益。

寒凝大地发春华。历史于默然中开言：在知识苑地，是种子，终会拱破冻土而张开生命的芽翅。

十年磨一剑，编纂《法汉词典》

1968 年 12 月，当时的上海市革命委员会特设清理敌伪外文档案组，向全市的文化、出版、高教、科研、工业、公交、外贸系统等所属各单位借调凡懂英、法、德、日、俄语的外语人才，分别集中在上海多处，翻阅、整理 1949 年新中国成立前的机要档案以及报刊、银行汇款存根等资料，当时被借调人员都不知其用意，唯有感到还能接触自身外语业务，颇是幸运。

郝运因有"一技之长"于 1969 年 2 月被清档小组借调，所谓清档组的工作就是要挖出"潜藏的反革命分子"。各个单位好几百名外语人才聚集在多处。郝运记得他后来集中在复旦大学清档，接着又参加小分队到电车公司、肿瘤医院等单位去清查，他还记得有位名叫中叔皇的著名演员因为外语好也被抽调过来清查档案，大家每人一张大书桌，各自埋头查档案，上面规定查出什么只能单独汇报，不能也不敢交流。郝运说，他什么都没查出，有次需要到公安局核查，那个时候他很担忧，心里想我有亲哥哥在台湾，万一被公安局反查岂不露馅，所以他是硬着头皮"蒙混过关"。

"吃一堑，长一智"，后来摊上这样的事他总是推脱。清档工作前后历时一年半，郝运至 1970 年 8 月结束清档工作。

否极泰来，祸中得福。"文革"的烈火依然在蔓延，郝运在清档中深感中国大陆需要一部比较完备、贯通古今、方便实用的《法汉词典》可资查阅。这一想法与参加清档工作的法语翻译人员不谋而合。当时市面上能找到的仅有一本 20 世纪 50 年代出版的巴掌般大小的《简明法华词典》，加上 1949 年出版的业已绝版、陈旧不堪的《模范法华字典》，不能满足专业法语翻译人员的需求，而其他语种如英、德、俄语翻译人员在清档中常会遇到夹杂着法语的内容，他们掌握的那些法语自然就不够用了。"必须尽快编一部法语中型词典，才能适应形势发展需要"，这成为人们的共识，这个想法和倡议，一时在文化、出版和工业系统的清档人员中传开。1970 年暮春，清档工作进入尾声，各路人员即将"散伙"回各自单位，编纂《法汉词典》的需求越来越强烈，但编纂工作并非轻而易举。

祝庆英毕业于上海圣约翰大学，精通英语、西班牙语，毕生耕耘于外国文学翻译事业，她当时富有远见，目光非常敏锐。这位四十出头的女翻译家在翻译界很有名气，母亲卢季卿是宋庆龄的英文秘书，译作有《简爱》《呼啸山庄》《傲慢与偏见》等名著。她认为，要在"一穷二白"的基础上编一部中型的综合性双语词典，必须要有一大批多学科的专业人员参与，这些人员一定要除了法语外，再掌握一两门其他外语。这种人才很难找到，可现在既然在全上海借调了这么多懂外语的人，是千载难逢的好机会，只要从中挑选多学科的又懂法语的专业人员，这支队伍不就组成了么？一旦散了再聚起就难了。于是她当机立断，决定联合郝运老同学、法语翻译王道乾，丰子恺的大女儿丰陈宝，上海电影译制厂资深俄语翻译肖章等人发起，于5月底的一天，递交一封由八人联合署名的请求信。不知何因，当时上海市革命委员会很快批复，同意立即从清档队伍中挑选55人成立《法汉词典》编写组。

1970年7月份，《法汉词典》编写组在西江湾路574号（现为上海青年管理干部学院）上海外语学院的一幢独立教学楼正式成立。这是一幢二层楼的西洋式小楼，名叫"钧儒楼"，以前是沈钧儒的私屋，"文革"初期是上海外国语学院关所谓"牛鬼蛇神"的"牛棚"。郝运结束清档工作即到词典编写组报到、工作。1961年毕业于北京大学西语系法语专业，先后在北京国际广播电台、上海轻工业局、上海外语学院从事翻译、任教的王美华回忆道：当初这支队伍"特别奇怪"，55人来自将近50个单位，法语科班出身的仅12人，原中法中学毕业后为工厂职员的10人，公安专科学校刚毕业的法语专业学生4人，其余成员有的是高等院校的专业教师，有的是科研人员，有的是情报机构英、德、俄语译员，还有的是出版机构的资深编辑。这些人虽来自四面八方，但有个共同特点：不但精通各自的专业，还掌握一门外语，而且都懂些法语。这就保证了词典在科学技术、社会科学、自然科学、人文科学甚至宗教等方面能够达到词汇丰富、内容广泛、释义精确。另外还有个共同点是：虽然他们在自己的领域里是佼佼者，是业务骨干，但是对编纂综合性中型《法汉词典》都是没有经验的新兵。从这点讲，他们是真正的白手起家。

万事开头难。如何编纂，大家一时茫然。这不由让人想起16世纪意大利语言学家J. J. 斯卡利格（1540—1609）说过的一段话："十恶不赦的罪犯既不应处决，也不应判强制劳动，而应判去编词典，因为这项工作包含了一切折磨和痛苦。"我国著名学者陈原也曾幽默地坦言道："'傻子'才去编词典。编词典不是人干的事情，而是圣人干的事情。你钻进去有无穷的趣味，你不钻进去简直是味同嚼蜡。"编写组成员当然不敢当圣人，倒是颇有"傻子精神"。编词典需要参照本，可哪里去找呢？何况史无前例，大家都是新手。当时一位工宣队师傅说："我们来自工厂，从未用过字典，更不用说外语词典了。你们经常用，总有哪本好，哪本不太好，为什么不好，多问几个为什么，这样一本好的、实用的词典标准不就出来了吗？"一席话，使大家茅塞顿开。尽管大家相互不太认识，但各抒己见，工人师傅立刻叫人跟他们到法语资料室去挑选，并组织人员搬运，不一会儿，在临时拼凑起来的大桌子上铺满了大大小小的法语词典，包括各种双语的专业字典。大家顿时兴奋起来，经过讨论、甄别，确定三四本法国最新问世的语言类中型词典作为参考底本。可"粥少僧多"，棘手的问题又来了：如何分配、浏览？有位脑子灵活的人提出方案：将四本词典拆开，按 A、B、C、D 等字母顺序，将它们重新组合，这样四本词典的 A 词部凑在一起，依次类推，26 个词部不就成了 26 个组合了么？那时没有电脑、复印机等设备，都靠人工制作卡片、词条，手工抄写。之前"兵马未到，粮草先行"，搞后勤的踏着黄鱼车找遍全上海的废品回收站，终于找到一种废弃但干净的香皂包装纸，虽然尺寸小了些，纸面略显粗糙，但价格极其便宜，足有几百捆，硬靠脚踏车一车一车拉回。对这样的卡片、词条，大家格外珍惜。郝运说，虽然是小小的纸片，但凝聚了大家的心血，汇聚了大家的智慧，并更珍惜这里没有喧嚣、没有纷争、愉快合作、安安静静、人人都能发挥自己才干的氛围。

尽管条件简陋、经费很少，但大家没有怨言，全身心投入到《法汉词典》的编纂工作中。知识分子的心愿很简单，有一个能发挥自己才能的地方就满足了。他回忆，那时他经常一早从石门一路骑自行车前往词典编纂大本营，有时跟随铁路支线（即淞沪线，现已拆除）与开往吴淞的火车赛跑，很有醋畅淋漓的痛快感。大家认真审阅词典词条、精确翻译释义、精准解释，反复推敲，"爬梳钻勘""刮垢磨光"。编词典是实打实的活，来不得半点马虎和疏忽。有时眼看花了，脖子僵了，仍一无所获，顿时会内心烦躁、局促不安，脑海里经常飘浮一片疑云；解开疑题时又变得豁然开朗，异常高兴，这种心理体验是大家共同拥有的。他们追求高标准、高质量，不容白玉存瑕，误人子弟，唯有以英国文学评论家、诗人塞缪尔·约翰逊（1709—1784）的话自律："作家都可以指望蜚声扬名，唯独词典编者只能希望不受指责。"

《法汉词典》编写、审阅者之一王美华在四十七年后撰写《〈法汉词典〉背后的故事》一文时，讲述了编写过程中的种种逸闻趣事。比如，当初立词条、收词目，是把单词按词义多少分类制卡：词义只有一两个就称"短条"，词义有三个以上的称"中长条"，单词内容半页以上的称"长条"，不知谁为了活跃气氛，把"长条"戏称"大肚皮"。再比如，为避免走"弯路"，在词典编纂工作全面铺开之前，先请《简明法华词典》的主编徐仲年（1904—1981）先生试一个"中长条"，像大字报一样，把他的稿子抄在纸上贴在墙上，大家一起讨论，从体例到释义，再到选例多少为宜等等，大家都称"先练兵"。后来上海外语学院派来 7 名法语老教师以加强法语阵营。经过集体编纂、小组讨论，《法汉词典》初稿于 1973 年初完成，后来几易其稿，完成第三稿。其间，因全上海的科研单位、工厂、高校逐步走上正轨，词典组三分之二成员陆续回到原单位。正式出版前，出版社要求交出小字典"验收"，结果编纂质量反映良好，水平优异，有人形象地称一稿是"毛坯房"，二稿是"精装修"，三稿是"样板房"。最终定稿由出版社委任社里资深翻译家和编辑郝运、傅欣、徐锡祥，词典组倪静兰、张以群、王美华6个人为审稿人，聘请岳阳烈先生担任特别顾问。直至1976年夏季，第三稿胜利脱稿，最后进行复核，由郝运、傅欣、倪静兰、张以群加以通读，其他人制作13张附表，其中数学符号表和法国军衔表在国内属首创。

1974年3月30日，北大（中法大学于20世纪50年代初撤并北京大学、北京理工等高校）老校友合影，右起：郝连栋（郝运）、王美华、倪静兰、傅欣

　　在编纂《法汉词典》中有许多趣闻，如今想来哑然失笑。虽然纯粹是法、汉语言学的范畴，但总避不开"阶级斗争"这根弦，有人"指责"郝运这个组有位编辑对政治学习不感兴趣，总是偷偷看书而回避政治学习，要求工宣队对他"批斗"。这项任务被落实到郝运身上，使郝运左右为难。说真的，看书学习是业务上的事，没有什么过错，但当时知识分子"如临深渊""如履薄冰"，郝运不能公开顶撞工宣队，也不能打击这个编辑的"求知欲"，他悄悄地跟这个编辑商谈，恳求这位编辑能重视政治学习，而对工宣队则告以"批斗"方式不宜，避免了一场"刀不见刃"的"内斗"。说到这样的"小事"，郝运至今一脸苦笑，不过他满意自己这样

明智的"斡旋",使每个人在这样的集体中发挥自己的才干,保持知识分子应有的尊严。

1979 年 6 月《法汉词典》编写组同志合影,前排左起:易豫、祝庆英、王庆麟、邱承业、郝连栋、岳阳烈、胡猛浩、任思萍、郑积尧、周昌枢、丰陈宝、倪静兰;后排左起:王美华、江涓涓、周文龙、谢培森、郑定乐、陶义训、魏耀程、王辉、徐锡祥、瞿彰连、傅欣、费雯琪、杨苑

第一版《法汉词典》

1978 年 10 月，这本《法汉词典》定稿脱稿，正式交付上海译文出版社。1979年，中国第一部中型《法汉词典》横空出世，其质量上佳，影响深远，迄今被学习法语、翻译法语者所用。该词典分别获 1984 年上海高校哲学社会科学著作三等奖、1986 年上海市哲学社会科学优秀成果著作奖，修订版《新法汉词典》获 2001 年第四届国家辞书奖。

可惜，当年参与人员不少人先后辞世，这不禁使人黯然伤怀！正是这个集体，这批可歌可泣、默默奉献的知识分子，在生命的霞光里燃上一把火，以肝胆相照、呕心沥血的红烛精神，吟出人生奋斗的绝唱，他们将永远值得后人怀念。

上海电视台艺术人文频道"文联名家谈艺"栏目组曾想采访拍摄郝运，不知何因，那天郝运脸涨得红彤彤，紧张得半句话都说不上来，老伴童秀玉在一旁嗔怪：以前你不是很会说的吗，怎么今天变了一个人似的？结果无功而返。后来一些原从事词典编纂的同事——现在也是七老八十的老人上门看望他，他回忆往事、怀念老友、追忆业已去世的同事，几乎把要向电视台说的话统统掏出心窝：编写《法汉词典》花了整整十年，十年磨一剑，没有白过，在这块法语翻译的净土上栖息、劳作、播种，是感到幸福的，在那个年代，总算做了一件有意义的工作。

第六章

春天来了

作为翻译工作者，我只不过翻译了屈指可数的几位法国大作家的作品。

——郝运

翻译界的"黄金期"

英国著名诗人雪莱说过："冬天来了，春天还会远吗?"1976 年 10 月，粉碎"四人帮"成为中国政治社会的标志性历史事件，让中国绝大多数有良知、有脊骨的知识分子敏锐地感觉到中国社会将发生逆转，他们深信：即使身处寒冬，只要心中有光，就能闻到春天的气息；即使身陷逆境，只要心中有光，头顶的乌云终将散去；把苦涩的微笑留给昨天，用不屈的毅力和信念去赢得未来。

1977 年 8 月，在中国共产党第十一次全国代表大会上，中共中央正式宣布"文化大革命"结束。郝运此时正醉心于编词典，似乎并不在意外部世界的变化——1978 年元月 1 日，上海译文出版社正式成立，意味着外国优秀作品吸引了大量青年读者、供不应求，外国文学翻译得以重见天日、大有作为。

这里须重提下当时的背景：粉碎"四人帮"以后，为了更好地贯彻党的"双百"方针，在党的十一大精神鼓舞下大力出版了文艺图书，并将再版"文化大革命"前出版的一些中外名著。出版界经过一年半的复苏期，决定在 1978 年"五一"劳动节期间，向全国集中发行 35 种中外文学著作。其中中国现代文学方面，有茅盾的《子夜》，巴金的《家》，马烽、西戎的《吕梁英雄传》，袁静等的《新儿女英雄传》，刘知侠的《铁道游击队》，梁斌的《红旗谱》，冯德英的《苦菜花》，雪克的《战斗的青春》、《郭沫若剧作选》和《曹禺选集》等。中国古典文学作品方面，有吴敬梓的《儒林外史》，李宝嘉的《官场现形记》，冯梦龙改编、清蔡元放改订的《东周列国志》，吴楚材、吴调侯编选的《古文观止》，还有古典诗词选注本《唐诗选》《宋词选》《唐宋诗举要》《李贺诗歌集注》和《稼轩词编年笺注》等。外国文学方面，也再版了一部分在文学发展史上有代表性的、有影响的作品，其中有巴尔扎克的《高老头》《欧也妮·葛朗台》，雨果的《悲惨世界》《九三年》，列夫·托尔斯泰的《安娜·卡列尼娜》，狄更斯的《艰难时世》，拉·乔万尼奥里的《斯巴达克斯》，伏尼契的《牛虻》，马克·吐温的《汤姆·索亚历险记》，笛福的《鲁宾逊漂流记》，斯威布的《希腊的神话和传说》，阿拉伯名著《一千零一夜》，《契诃夫小说选》，《莫泊桑中短篇小说选》，以及莎士比亚的剧本《威尼斯商人》，《易卜生戏剧四种》。这35种中外文学作品由国家出版局组织13个省、市出版部门及部分中央级出版社重印，这批书共印了1500万册，集中投放市场后，成千上万的读者在书店蜂拥抢购。这是出版界拨乱反正、冲破禁区的一次重大突破，是对"四人帮"推行文化专制主义和禁锢政策的批判和否定，是落实知识分子政策、贯彻"双百"方针的一次重大举措。有人称之"名著开禁"，对翻译界来说，不啻是一场"及时雨"，翻译人才不再丢"手艺"、废"武功"，终有发挥才干的机会和用武之地了。

1979年，郝运来到上海译文出版社从事专业法国文学翻译。春天虽姗姗来迟，却洋溢着万象更新、朝气蓬勃的生命力。

由于十年"文革"，中国古典文学和外国文学经典被斥为"封、资、修""戕害青年的毒草"，出版社几乎处在外国文学停止出版的状态。1979年一本以书为中心的文化评论月刊《读书》创刊，后刊登《读书无"禁区"》一文，打破人们的思想桎梏，青年们从"书荒"中解放出来，上海译文出版社"外国文学名著丛书"应运而生，选题从原定的120种扩充到200种，并突破了选题采择的老框框，收进了《傲慢与偏见》等篇目。书一出版，即造成空前盛况，供不应求，时常脱销，《斯巴达克斯》等书发行时，甚至在上海南京东路新华书店门市部排起了长队。

学者、作家王小波（1952—1997）说过，他们年轻时，想读好的文字就去读译著，因为最好的作者都在搞翻译。他最为推崇的好的译者之一便是王道乾先生，认为他所翻译的《情人》既富有汉语的音韵之美，亦贴切地传达了原作者杜拉斯沉痛、哀而不伤的气氛。正是庄重、妥帖、简洁、生动的翻译文字开启了王小波的文学创作之路。《情人》是上海译文出版社出版的"译文名著文库"的一种，译文社在引进外国文学名著领域内颇有建树，当时囊括了诸如巴金、草婴、吴劳、荣如德、吴钧陶、董乐山、祝庆英、方平、郑克鲁、王科一、任溶溶、傅惟慈、吴岩等一大批上海翻译界精英，郝运亦是其中一员，由此开始他人生中辉煌、激情、惬意，同时也不乏艰辛的翻译岁月。

这个岁月最难忘，郝运始终低调不张扬，思绪在脑海里翻腾，语气显得平淡缓慢，往事像一缕柔丝般的云烟悠然飘逝。他在《对法国文学家都德、莫泊桑作品的回忆片段》中这样写道：

法国文学在世界文学史上占有重要地位，其源远流长，光照人间，自中世纪（9世纪）开始，流派纷繁歧异，名家巨匠层出不穷，佳作名著浩如烟海，作为一个普通的翻译工作者，我只不过翻译了屈指可数的几位法国大作家：他们是司汤达、法朗士、大仲马、莫泊桑、都德，可谓大海滴水、吉光片羽。

　　首先谈一谈都德。他出生于1840年，病逝于1897年，在世上仅活了五十七年，却写出了十二部长篇小说、近百篇短篇小说。除了写小说以外，还从事戏剧创作，有四部戏剧作品。我1953年进平明出版社，1955年翻译出版了都德写的第一部长篇小说《小东西》。这是一部半自传体小说。

　　都德的短篇小说总共不到一百篇，远不能和莫泊桑相比，但在短篇小说领域里，他们两人却是各领风骚。短篇小说主要有两个方面的内容，一个是写故乡普罗旺斯等内容的，另一个是关于普法战争的。"文化大革命"以后，我翻译了十三篇短篇小说和一个中篇小说《纳韦尔美人号》，与《小东西》合在一起，于2000年6月出版了《都德小说选》。接下来2002年又翻译出版了短篇小说集《磨坊书简》。

　　接下来想谈一谈莫泊桑。莫泊桑1850年5月8日生，死于1893年，终年才四十三岁，比都德还少活十几岁。这不能不令人扼腕叹惜。但是在短短的一生中他却发表了六部长篇小说，三百多篇中短篇小说，还有三部抒情游记和一部诗集。他数量巨大的短篇小说所达到的艺术水平，不仅在法国文学界，而且在世界文坛上，无疑都卓越超群，具有某种典范意义，故法朗士称他为"短篇小说之王"。

　　莫泊桑的第一篇小说《羊脂球》，1880年与其他四位年轻作家的作品结成集子《梅塘夜话》出版。小说集问世后，立即轰动了法国，短短半个月里印了八次，其中最受欢迎的一篇小说就是莫泊桑的《羊脂球》。他的创作时间只有短短十数年，因长期疾病的折磨，超负荷的写作，不得不在1891年修正了创作活动。两年后，就去世了。

　　莫泊桑的长篇小说在我们国内早已全部翻译出版，中、短篇三百多篇也翻译了一部分。20世纪50年代，北京人民文学出版社工作的老翻译家赵少侯约我翻译一部分中、短篇小说与他一同结集出书，书名取为《莫泊桑中短篇小说选》，但"文化大革命"来到，书一直到"四人帮"打倒后才得以出版，但赵老已经去世。后来我想把莫泊桑中、短篇小说全翻译出来，于是与我的好友、在上海译文出版社任法文编辑室主任的王振孙合作，终于在 2006 年 6 月由上海译文出版社出版了《莫泊桑中短篇小说全集》共五卷，计 303 篇中、短篇小说，共 225 万字。

莫泊桑被称为"短篇小说之王"，他留下的大量中、短篇小说，以其神来之笔，表现了广阔的社会性，使我们能够对那一时期的社会特征，有一个深刻而生动形象的认识，并且能够引起无穷的回味。我们不能不折服于他那神奇的艺术魅力，有的是喜剧，让人忍俊不禁；有的是悲剧，使人潸然泪下；也有的是悲喜剧，令人欲哭无泪，欲笑又止。如像《羊脂球》写的是一辆被普军放行的马车，中途却被一普军军官扣留，放行的条件是要车中妓女陪他睡觉，出于民族感情，羊脂球大声斥骂这无耻之徒。但是车中的大商人、大企业主和贵族及他们的夫人却花言巧语，要她作出牺牲，羊脂球被迫让步了。当马车放行时，她却遭到车中那些高贵的人们的鄙视。最后我们看到马车在《马赛曲》伴着羊脂球的哭泣声中奔跑着。这首革命歌曲却不是伴着法军的胜利步伐，这是多么绝妙的讽刺啊！

《红与黑》和《帕尔玛修道院》这两部书中，《帕尔玛修道院》先译于 20 世纪五六十年代，译稿交稿后不久即遇上"文化大革命"，稿子压在出版社，直至万恶的"四人帮"打倒后才重见天日，于 1979 年 7 月出版。而《红与黑》，1953 年我进入平明出版社当编辑，罗玉君在新中国成立前译的旧译本《红与黑》由我编审出书，"四人帮"打倒后，对文学艺术的禁锢也随之打破，广大读者如饥似渴地寻觅古今中外文学经典作品阅读，新华书店出现了排队购书的场面。上海译文出版社重新引入了罗玉君先生的《红与黑》译本，接着认为有必要重新组织人翻译，列入"外国文学名著丛书"，于是找到了我。我也认为有必要重译，在接受了这个任务以后，我想尽快尽好地译出，满足广大读者的需要。我的译本 1986 年出版后，到 1995 年全国已经有十多种译本出现。

长时间被迫远离法国文学翻译，一旦"开禁"，郝运似有久旱逢甘雨之感，对译作格外认真、精益求精。为了译作的完美，他总是一字一句地读，进而逐步分析其中人物的性格、思想和所处的时代背景、人文环境。在采访聊天中，他向笔者提起，阅读原作有三个层次：一是读懂作品说的是什么；二是读懂原著者为什么这样写；三是读懂、评价和品赏原著者所写的文学水准的高低、艺术素养的优劣。他感叹道，艺术为本，技巧只是手段。没有技巧，提高不了作品的艺术性；有了技巧，卖弄文笔，也会破坏艺术的完整。魏文帝曹丕说过："文意为主，以气为辅，以词为卫。""意"即内容、意思；"气"即语气连贯、文字流畅、结构严密，译文不能舍本逐末，只偏重形式不注意内容，而应该主次分明，"以意为主"，用字遣句一定要顺理成章，照顾左邻右舍。

他赞叹在翻译界有许多典范。比如以《约翰·克利斯朵夫》为例，这是以贝多芬的一生为蓝本的一部传记体小说，具有交响乐一般的宏伟气魄、结构和色彩，小说穿插对音乐作品和音乐家的评论，带领读者漫游欧洲古典音乐王国，使读者陶醉在乐曲的享受之中。这部作品文字朴实，有如清澈见底的流水。翻译大家傅雷在翻译时，边听音乐，边研究音乐史，边译小说，小说中罗兰讲海顿他就听海顿的交响乐，讲勃拉姆斯就欣赏勃拉姆斯，他有一次听贝多芬竟听得哭了起来。译者的感情波澜随着书中的人物情节起伏，终于译完了全书。

郝运与翻译大家傅雷"心有灵犀一点通"，虽然译作不同，但是译风"似曾相识"。两人都认为翻译要以艺术修养为本，译者尽可能多方面涉猎各类学问、各门学科，文学作品的题材是多样的，反映的生活是丰富多彩的，一个优秀的翻译家不但要精于语言语法、遣字造句，还要有各类生活经验。这是从事翻译的"命门"，也是翻译生涯的心灵探索和精神寄寓。

深挖井方能饮甘泉

郝运的回忆似乎风轻云淡，其实，翻译中的酸甜苦辣，局外人焉能知晓？为了融进和表达都德小说的人物和场景，他总是一遍遍地阅读，做到了如指掌、胸有成竹。在熟悉人物个性、语言特点，以及最不易察觉的物景描写所蕴含的伏笔线索后，他一气呵成地翻译，然后再逐步推敲、修改，反反复复，哪怕一个字、一标点都不放过，体现出优秀翻译家认真严谨的业务素养和职业习惯。

他说，做翻译要认真，翻译前先把原著读透，了解原著中涉及的方方面面的知识，包括作品产生的历史环境、当地的风俗习惯等。

翻译法国名著更要了解各作家的生平事迹、生活爱好、个性特征，在场景描写、气氛烘托、人物对话等的遣字造句中，需要符合作家的风格特性。郝运为翻译好作品总是夜以继日、披星戴月，颠倒"生物时钟"，以致闹出生活笑话。他说他整天价在密密麻麻的字里行间过日子，连做梦也看见那些字母、文字在"打架"。做文学翻译，说是熟能生巧，其实每天需要跟新词汇、新知识打交道，这就要求你既是专家，又是杂家，对法国社会风土人情、历史事件、三教九流、五行八作、天文地理、医卜星相、宗教礼仪，等等，都要有所了解，要做到"万事通"，就要靠平时积累。所以他甘守寂寞，不赶时髦，可谓"调与时人背，心将静者论；终年帝城里，不识五侯门"。

　　18世纪和19世纪的法国文坛，群星灿烂，明珠闪烁。郝运术有专攻，偏好都德、莫泊桑、司汤达、大仲马、法朗士等，这与他的翻译经历、个性气质很有关联，当然亦与当时的出版行情、任务分配有关。像法朗士（1844—1924），是法国19世纪末、20世纪初著名的批判现实主义作家，他继承了法国古典文化和18世纪启蒙文学的优秀传统，而且率先将自己汇入社会主义的时代潮流，在法国和欧洲都产生了巨大的影响。法朗士幼年耳闻目睹社会底层的贫困现象，后来在中学里又备受贵族子弟的歧视，他很早就萌发了同情穷人、主张自由平等的人道主义思想。他早年参加帕纳斯派——19世纪下半叶法国诗歌史上的一次文学思潮，同时开始了他的记者生涯。巴黎公社失败后，他重返勒迈尔出版社，编写大仲马未完成的《烹调词典》（Grand Dictionnaire de Cuisine），并完成了10年后才发表的第一部自传性小说《让·塞尔维安的愿望》（1882）。1881年，法朗士以他的小说《波纳尔之罪》获得法兰西学院奖，确立了他在文坛上的地位，1896年当选法兰西学士院院士。他的小说《苔依丝》遭到教权主义者的猛烈攻击。他在《企鹅岛》《天使的叛变》中无情地揭露了包括克雷孟梭在内的政客们的丑恶行径，预言了资本主义社会必然灭亡的命运。他的文学活动受到法国文学界的关注，有攻击，有赞誉，但他以自己的文学才能、独立思想获得世界文坛的尊敬，1921年他获得了诺贝尔文学奖。

郝运译著《企鹅岛》

郝运译著《诸神渴了》

郝运早年翻译了法朗士的《诸神渴了》。原著以朴实悲壮的笔调，真实地记录了雅各宾派专政时期的历史，细致地描绘了普通人平凡却不安定的生活，生动地反映了各种人物的精神状态，深刻揭示了"大量辛酸的真理"，是描写法国大革命的一部不可多得的杰作。为翻译这部书，郝运仔细研究了法朗士文学作品的艺术性，他不仅是公认的语言大师，既有严肃庄重，也有辛辣讽刺，他的文笔细腻生动、自然流畅，而且作品涵盖的知识面极其广泛，表明他对天文学、考古学、古生物学、地质学、植物学、医学、机械学等都抱有极大兴趣，反对宗教、崇尚科学成为他作品的一个重要主题。郝运在翻译中，除了准确反映法朗士的作品内容外，他还从作品中不断学习各学科知识，他深知，深挖井方能饮甘泉，翻译是煮海为盐，披沙拣金。他笑称："翻译不是'卖花拳'，靠的是老实的人品、严谨的文风，否则对不起这些文学大师。""当然苦中也有乐，是饱尝求源索解之苦，能享去塞求通之乐。在这片神圣而不可侵犯的翻译天地里，充满着神奇、曲折、苦涩、甜蜜的味道。"这番话，让笔者想到，好的翻译家会在译作中留下自己的痕迹，读屠格涅夫会让人想到巴金，读肖洛霍夫会让人想到草婴，读罗曼·罗兰会让人想到傅雷，读普希金会让人想到查良铮，读契诃夫会让人想到汝龙……读都德、莫泊桑、法朗士、司汤达会让人想起郝运，优秀翻译家献给读者的不仅仅是外国文学作品原作的故事和文化，还有译作的文字风格和字字珠玑的精神。20世纪80年代，老一代翻译家奉献给读者的是他们的才华和精神，在中国译苑散发生命的霞光，他们是一座座丰碑，后人将永远崇敬他们。

文学翻译要耐得住寂寞

郝运说，成功是辉煌的，但通往成功的那条路注定是孤独的。任何人的成功都是这样，翻译家更是如此，更需要耐得住寂寞。

什么样的翻译算是好的翻译？有次笔者在郝运寓所问道。对这个猝不及防的问题，郝运好像心头一愣。这是一个风和日丽的上午，阳光从东边的窗户照射下来，郝运脸上泛起一片红光。

郝运缓了口气，轻轻地道出一句："就是读起来舒服。"其实这个问题不是三言两语说得清的，而"舒服"一词也非标准答案，不同的人读相同的书有不同的舒服感，如同穿衣、吃饭，各人的感觉是不一样的。但郝运有个观点笔者很认同，即翻译的作品是让中国读者看的，所以必须有"中文感"。

这让人想起翻译大家傅雷在《〈高老头〉重译本序》中的一段话："以效果而论，翻译应当像临画一样，所求的不在形似而在神似。"他认为一个不懂法语的人冒失地谈论法语翻译是可笑的，而不精通中文同样不足取。他举一例：法国的纪德翻译莎士比亚作品，把"静得连一只老鼠的声音都没有"译成"静得连一只猫的声音都没有"。傅雷先生与施蛰存先生为此进行认真讨论，傅雷先生认为这个绝对不是错译，而是"达意"与"传神"，英、法两国人形容安静有不同的习惯，重点不在于有没有猫和老鼠，就像中国人说起"鸦雀无声"，"鸦"和"雀"都是虚拟的，人们说"静得连一根针掉在地上的声音都听得见"，绝不是真有那么好的听力，死抠字眼无疑会闹笑话。所以好的翻译，"看菜吃饭"，要符合中国读者的阅读习惯，符合中国的风俗和文化，这叫"随乡入俗"。

好的翻译，用中国文字表达，当是文气相属，句断意连，宕折有致，结构则简练精要，不枝不蔓，无芜辞累句。郭沫若对翻译曾有一个非常形象的说法：诗若译成不合适的外语，犹如将茅台酒变成白水；但诗如翻译得好，就能把茅台酒变成白兰地，中外客人咸宜。这个比喻很贴切，文学翻译何尝不是如此？其实，文学翻译是酿造过程，可是"真活""苦活""累活"。

郝运译著《都德小说选》

郝运译著《磨坊书简》

翻译者，情发于外，性藏于内。有人评论说，郝运翻译的都德小说比较经典，像短篇小说集《磨坊书简》，文字充满诗意，在翻译中笔触简约、情感亲切，好比用清丽的色调，描绘出一幅幅优美动人的普罗旺斯画面：南方烈日下幽静的山林、铺满了葡萄与橄榄的原野、吕贝龙山上迷人的星空、遍布小山冈的风磨、节日里麦场上的烟火、妇女身上的金十字架与花边衣裙、路上清脆的骡铃声，还有像一只大蝴蝶停在绿油油小山上的磨坊……其风格淡雅，韵味隽永。而都德的《最后一课》，堪称世界文学史上短篇小说中思想性与艺术性完美结合的典范，在不到三千字的篇幅里，运用以小见大的艺术方法，用精炼的艺术形式容纳了具有重大历史意义的社会题材，即选择了普鲁士人规定阿尔萨斯省学校里不许教法文课的场景，把这一课提升到向祖国告别的仪式的高度，使普法战争的悲剧性通过这一堂课表现得非常突出。为翻译好这篇短篇，郝运琢磨了好几晚。他认为，翻译前就如好演员先要"入戏"，上台前就得"静思"，进入角色，翻译工作事先心静如水，气和如风，身在其中，安之如素，这样的译作出来就有好底子，而不能仓促草率、先天不足。

文学评论家陈子善说过："翻译之事不是大叫大喊的职业，它有自己的属性，唯有少数人才能理解的属性，甚至是十分苦恼的事，没有非凡的毅力，不可能持之以恒。"著名学者钱锺书亦说过类似的话：翻译、读书如叫驴推磨，苦了累了，抬起头来嘶叫两三声，然后老老实实低下头去，亦复踏陈迹也。其意在于耐得寂寞，甘于寂寞，决不为外物所诱。译者，似乎一直是一个相对低调的职业，他们所做的努力之一或许是尽量使自己趋近于透明，把一个更真实的原作者呈现出来。人们所熟知的译者大都是老一辈的翻译家：傅雷、钱锺书、杨绛、季羡林、杨宪益、草婴、朱生豪、钱春绮……他们最早把一批世界文学经典作品带入了中国。

郝运认同这样的观点，不为外物所累，不为世誉所牵。知易行难，这就需要不断锤炼、实践。翻译要至真至情，语言简洁，同时钩索文籍，用力甚勤。名著有优美的文笔、丰厚的学识、锐利的思想，而中译在符合原著的基础上，不求华美，文约义丰，这是郝运的翻译风格。他似乎不大接受翻译是一门科学的说法，他认为翻译是一门艺术。他赞同著名翻译家杨宪益的"模仿说"：如果把原著比作一件艺术品，那么译作就是一件仿品。仿品水平有高低之分，当然永远不可能与被仿品完全一样。即便这样，郝运说："仿品"不是假冒伪劣，而是翻译者的再创造。

遇到了这样的好社长

"文革"结束，改革开放以后，好事不断来临：郝运以前被扣押不出的书一本接一本出版了，同时他又能一本接一本地翻译下去；"文革"中被勒令退还的预支稿费 2000 多元，出版社领导又决定还给郝运。

郝运后来翻译名著的"爆发力"，不能不说与当初上海译文出版社领导的亲和、民主作风有关。这里不妨叙述下当时的历史情景：1978 年元月，上海译文出版社正式成立，首任社长是周晔，她是周建人先生的女儿，因为鲁迅的缘故，大家对她肃然起敬。她掌管译文社，社里几乎没有兴师动众的大会，若有，也只是把大家召集起来，请位年轻人读一读中央文件。那时政治学习的氛围很浓，每天都绷得紧紧的，而在译文社，仿佛空气变得柔软，人性开始复苏，简直让人有点儿疑惑。周晔社长中等个子，齐耳短发，衣着朴素，完全不显眼，更没有颐指气使的官人做派。那时候，出版界不时会出一些白皮书，发到内部供大家传阅，内部刊物《编译参考》也在其中。有编辑回忆，一天，周晔社长有事来编辑室，她先环顾着年轻编辑，微笑着第一句话就问："《编译参考》看了吗?"接下来忍不住感叹地说，"真好看啊"! 那种绝非上下级的平易和坦然，令人印象深刻。那时总编蒯斯曛，老蒯虽是总编，但他不愿坐在总编办公室，一直与普通编辑坐在一起。那天，周晔把一沓稿纸放到老蒯桌上，说是麻烦看一看，就离去了。事后老蒯对年轻编辑说，她也是不容易，白天要主持社里工作，晚上还要写关于鲁迅的文章，这是义不容辞的。

周晔社长听说郝运被扣款 2000 多元，当郝运说明原因时，周社长与社里其他领导商量，决定悉数退还。周社长上任时间不长就被调到北京去了。后来得知她离世很早，1984 年病逝，享年仅 58 岁。在北京工作期间，由周建人口述、周晔整理出版了《鲁迅故家的败落》和《鲁迅在上海》两本书。回想那段时光，郝运感慨:那时候出版社风气值得怀念，氛围非常好，学术气息浓厚，不见争权夺利，不见物欲横流，不见颐指气使。周建人先生有三个女儿，她们都低调生活，隐身于大众目光之外，是有意而为，还是随遇而安呢? 郝运喃喃自语。

还要提下译文出版社元老，比如孙家晋，他的出版眼光深远。当时百废待兴，外国文学翻译处在荒芜、凋零状态，孙家晋认为，出版社是一个组织者，只有网罗全国的人才才能做好出版工作，才能发展壮大。他就想尽办法为出版社寻找和发掘人才。有个外国文学翻译家曾被打成"右派"，被迫离开上海去福建砍毛竹，平反后"发还原籍"苏州。时任译文出版社英文编辑室主任的孙家晋，以群众来信的形式，给上海市委宣传部文艺处的刘金写信，并辗转写信请当时的文教书记兼宣传部长批了个"请有关单位会办"，巧妙地解开"问户口要工作、问工作要户口"这个连环死扣。这事在当时是要冒很大风险的。无怪乎译文社一位编辑感叹说，孙先生是"挺直了腰杆，背负着历史"。孙家晋鼓励社内编辑多翻译、多写作。一些出版社规定编辑不能在本社出书，译文社却不存在这种规定，那时，编辑都认为能在本社出书是一种幸福、荣光。这也慢慢成为译文社的一个传统，译文社也因此翻译名家辈出，一批译作精品应时而生，在中国翻译界享有盛誉。1978 年到 1998 年，草婴翻译了十二卷的《托尔斯泰小说全集》;荣如德 1984 年出版了《雾都孤儿》《白痴》;陈良廷 1982 年出版了《教父》，1996 年与人合译出版了《乱世佳人》;郝运出版了《红与黑》《巴马修道院》。翻译家的辛勤劳动得到了社会方方面面的认同:有多人获中国翻译协会授予的"资深翻译家"殊荣;1996 年，上海市文史研究馆特聘原编译所的草婴、郝运、荣如德、蔡慧、侯浚吉、陈良廷等六人为馆员。郝运原来是自由职业者，像其他一些知名翻译家那样，没有工资、编制、医保、职称，靠稿费生活。如今在文史研究馆——"当代翰林院"，郝运以他斐然的翻译业绩赢得众人敬重，其上乘的译本足以成为中法文学翻译的典范，在上海乃至中国的法国文学翻译史上留下光辉一页。

郝运译著《巴马修道院》

虔诚仁爱的"苦行僧"

　　翻译家翻译风格不同，个性迥异，但严谨、严肃、认真的态度是一致的。任溶溶是一个充满童真与童趣的人，用俄、英、意、日四种语言翻译了不少外国儿童文学作品，语言幽默诙谐；草婴性格则比较严谨、严肃，他喜欢选择厚重、严肃的作品来翻译，肖洛霍夫、莱蒙托夫，尤其列夫·托尔斯泰，都有草婴译本。任溶溶和草婴是中学时代同学，性格迥异的两人却格外合得来，而且时间越久，友情越醇厚。

　　郝运与他们均有同道之谊、同行之风，但郝运个性相对沉默寡言、不善多说话。20世纪八九十年代是郝运翻译的高峰期，译作迭出，佳作连连，但他总不张扬，他用译作说话。

　　郝运妻子童秀玉这样说道：我的丈夫郝运，本名郝连栋，我平时习惯了叫他连栋，连栋是一个工作非常认真的人。有次我帮他抄稿子，我已经抄完了，他后续的稿子还没有改好，我说你译书已经那么多年了，怎么还是译得那么慢？他说："译

073

书是件大事，我译的都是世界闻名的大作家的作品，我的译文虽然不能达到他们的境界，但是总希望尽量向他们靠拢，译不同作家的文章，总希望能体现他们的风格，不能千人一面。比如说，司汤达的小说，我要译得朴实而传神，都德的小说就要文字优美些。"童秀玉补充道，"连栋待人真诚，平易近人，工作勤奋，可惜的是为了译书，甚至不顾多病的身体，他身患腰椎间盘突出，就是坐出来的，按理不应该再伏案长坐了，可是他置之不顾，还是白天黑夜地伏在案上工作，病情就越来越重。到最后，他下定决心和他的好朋友王振孙先生一起，将莫泊桑的中、短篇小说中尚未译成中文的全部译出来，编成《莫泊桑中短篇小说全集》。也就是这部书出版以后，他才下了决心放弃伏案译书，这时他已经81岁了，腰部疼得厉害，两脚连迈步都感到困难，但是他并不后悔。我曾经笑连栋译书像个'苦行僧'一样，对翻译那么虔诚，他说有了'苦行僧'的精神才能译好书。但是他接着又说，他不同于'苦行僧'的是，他把翻译工作看作是神圣的，同时也是快乐的。"

在上海翻译界，同行除对他的翻译佳作有一致好评外，也一致公认他古道热肠、为人真诚的人品。尽管他生活状况并不太好，翻译的工作条件也很艰苦，但一旦听说有朋友生活更困难、境遇更糟糕，他总是出手相援。在翻译圈，他与许多翻译家建立了良好的私谊，比如祝庆英、包文棣、草婴、王道乾、傅欣、孙家晋、丰陈宝、满涛、徐汝椿、荣如德、丰一吟、叶麟鎏、陈良廷、任溶溶、姚以恩等等，他们对郝运的译文、人品评价甚高。

当然还有更多富有才华的翻译工作者，本可在翻译苑地大有作为，可因种种原因过早去世，如陨星流逝殒落苍穹，郝运为此叹息。像前文说到的陆清源，父亲是青浦朱家角（原地名珠街阁）镇名医陆士谔，幼承庭训，博闻强志，医学和文学皆颇有造诣，除文学创作、翻译外，17岁时随父待诊，亦在汕头路82号诊室开业应诊，曾先后任平明出版社、新文艺出版社和上海文艺出版社编辑，从事英、俄文学翻译。他生活历经磨难，曾被打成"右派"发配到青海劳动，后得到平反，其间得到郝运的帮助，虽微不足道，但对陆清源却是温暖的慰藉，为他重返译坛燃起希望的火把。1979 年，陆清源与施蛰存合作，根据西方独幕剧的发展历史编了一套《外国独幕剧选》（六册）。他精通俄语，负责选编苏联及东欧诸国的剧本。可惜，当第一集于 1981 年 6 月出版时，他已于同年 4 月病故，未能见到此书的出版。

还有一位名叫老谭的，毕业于震旦大学，法语也好，后来生活潦倒，郝运对他关心有加，他也时常到郝运家打牙祭、聊聊天。"文革"后期，郝运让他把其父和孙中山、宋庆龄的合影寄给统战部，求得些生活上的救济，但石沉大海，郝运没有气馁，想方设法接济他。

翻译家汝龙亦是郝运的知交，新中国成立后曾任江苏无锡中国文学院、苏南文化教育学院、苏州东吴大学的中文系副教授，他一生钟情于翻译，认为这才是"为人类献身"。汝龙与郝运交往很多，与巴金关系也密切，巴金说："翻译出的小说必须是艺术品，干翻译好比乐队指挥，对整个作品应该了如指掌。"汝龙说："翻译时不能一边查字典一边译。字典上的讲解多半不能直接用上，只能帮助理解这个词的含义，再找译文中合适的词用。动笔译时要注意原著风格，整段的气氛。人物要有感情，假如光有情节没有感情，那就像没有感情的电影一样，不好看。一切准备工作做好，译文读起来才能像流水般畅通无阻。"还有，译文一方面要贴近原文，一方面要像中国话，上下联贯，一气呵成。这些都与郝运的翻译观不谋而合。郝运回忆说，"文革"之后，汝龙平反昭雪，但全家祖孙三代仍挤在那两间半平房里。巴金去看望他们，见汝龙妻子文颖在缝纫机上做翻译，半天说不出话，之后便为汝龙的住房问题奔走呼号。1982 年 3 月 23 日，巴金给汝龙写信："你的房子问题看来一时无法解决。但我还是要讲，有机会就讲，我说过我要为三个人的房子奋斗，第一个是沈从文的；第二个是你的；第三是丽尼（原名郭安仁，我国 20 世纪三四十年代有影响的散文家，1909 年生于湖北孝感；"文革"中受到迫害，1968 年殁于广州。1978 年 9 月平反昭雪，恢复名誉）夫人的。也许我到死问题还不能解决，那么就让后人来论断吧。"在巴金的呼吁和中央领导胡乔木的关怀下，1982 年秋，汝龙搬家至西便门两所毗邻的两居室单元房，汝龙把"文革"抄走后被归还的近两万本中外文书籍给拉回来，把书柜摆得满满当当。此后近十年岁月，这些贴墙而立的大书柜陪伴汝龙度过了几千个寂静冷清的翻译之夜。汝龙后来患肺气肿、肺心病，于1991 年 7 月 13 日去世，他没有实现出一套《汝龙译文集》的愿望。说到这些，郝运无比惆怅。

再说一位，也是郝运从事法国文学翻译所相识、熟稔的朋友，叫李伧人，没有正式职业，当时稿费很低，很难靠稿费养活一家三口，他就帮人推送货车，赚点钱维持生计。他家居住条件极差，小小的房间里，连放一张小写字台的地方都没有，他和一位茶馆老板商量，把茶馆角落一张桌包下来，就在嘈杂的环境里默默译书，非常勤恳，但仍然常常缺钱少粮。有一年春节前，郝运对侄子郝陵生说，有个朋友又揭不开锅了，他准备送点钱去，让他们也能过个春节，他要侄子陪他一起去。郝陵生跟着叔父来到一条小街上的小茶馆，看见李伧人先生正在吵吵闹闹的茶馆里专心译书，感动得几乎掉下眼泪。郝运在 20 世纪 60 年代约李伧人与自己合译法朗士的长篇小说《天使的叛变》，交稿后不久，"文革"开始，直至 80 年代初，历经浩劫的译稿安然无恙地从出版社取回，但纸页已经发黄发脆。二十年后两人仍然觉得译文不够满意，商量后决定抽时间校阅一遍。由于各忙于自己的工作，这件事一直拖着，没想到 1985 年 7 月间，郝运突然接到李伧人的来信，说他的肺病复发，即将住院治疗，还说自己闯不过去了，希望《天使的叛变》一稿由郝运一人统下去。就在这一年李伧人离开人世。郝运在 1988 年 8 月 1 日写的后记中写道："伧人解放前毕业于上海震旦大学，解放后从事法国文学翻译工作；由于共同的爱好，我们经常在一起切磋翻译中遇到的问题，逐渐熟悉，成为知友，相互帮助，推诚相见，真所谓布衣之交不相欺。如今面对校样，出书在即，不胜感慨，写下这几句作为对伧人的纪念。"

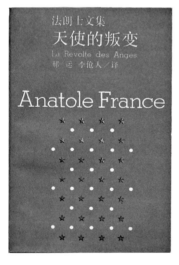

郝运和李伧人合译的《天使的叛变》

人淡如菊，岁月静好，生命有了一种质感。自 20 世纪 80 年代起，郝运的翻译才华得以发挥，他身体虽不好，但内心总觉得有使不完的劲，他感到总算赶上一个好时代。人的身体是受心灵支配的，心态好是最好的养生，有了好的身体，翻译就会有好的脑力、体力，淡泊于名利，恬淡于生活，关键是调整好心态。怎么做到心态好，大凡一定要有自己喜欢做的事，快乐的工作是养生的良药。人活在世上，须想清自己究竟想要什么，才会获得一种内心的平静和充实。这或许就是对郝运高质量、高水平、高强度翻译工作的准确诠释。

第七章

交上好运

我终于摆脱了"一条龙"住所，从此可以安安静静地译书了。

——郝运

多思深想不草率落笔

20世纪70年代末至八九十年代，是郝运翻译的"黄金期"，用哲人黑格尔的话说就是：精神上的道德力量发挥了它的潜能，举起了它的旗帜，将是不可战胜的。而郝运用自己朴质的话说：舍弃一些，才能得到一些。他全心投入、专注译事，不为外界所扰所诱，可以说是付出与获得达到能量守恒，也能做到心态平衡。郝运认为，从事翻译急不得，息不得，心安理才得；而珍惜所得，即使失去了什么，也不会有太多的失落。

荒芜的外国文学苑地枯木逢春、百花盛开，郝运又可以重新干自己的老本行了，他真有种重新被解放了的感觉。此时他们原上海编译所所员的关系全都被转到上海译文出版社，是"编内"还是"编外"，郝运弄不清楚，亦不想弄清，他觉得最开心的莫过于又可以重新从事文学翻译，再字斟句酌地推敲译作，感到无比的愉悦。

20世纪80年代初、中期，郝运恰逢"耳顺之年"，精神特好，单独翻译或者与人合译的书陆续出版三十种之多。其中，有长篇小说《红与黑》（〔法〕司汤达著，1986年）、长篇小说《玛戈王后》（〔法〕大仲马著，与朱角、陈乐合译，1982年）、长篇小说《企鹅岛》（〔法〕法朗士著，1981年）、《左拉中短篇小说》（〔法〕左拉著，与王振孙合译，1986年）、《莫泊桑中短篇小说全集》（〔法〕莫泊桑著，共20册，与赵少侯、王振孙合译，1991—1995年）、长篇小说《三个火枪手》（〔法〕大仲马著，与王振孙合译，1995年）……这些译作，远远超过以往动荡岁月中所译的数量。思想解放，禁锢打破，不再噤若寒蝉、战战兢兢，对这些法国文学名著，郝

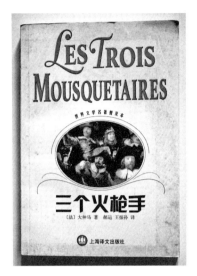

郝运译著《玛戈王后》   郝运译著《三个火枪手》

郝运 20 世纪 80 年代初部分译作

079

运与同行呕心沥血、殚精竭虑，做到眼读有形、心译有魂、落笔有神，使译作上品，深受好评。

也许人生阅历老而愈丰，郝先生"法眼"一开，大展风采，他的译本《红与黑》出来后，成为抢手货；其他的译作也成为热门书。郝运的翻译风格是坚持"不走样"，尽可能让读者读到"原汁原味"；他始终认为，翻译贵在质朴，需要多思深想，不可草率落笔，以无技巧蕴藏大技巧。

不妨分析郝运翻译的《两个朋友》，这是莫泊桑写普法战争期间钟表匠莫里索与服饰用品商索瓦什两位"钓鱼迷"的故事，作者没有着力去写这两位爱国者的慷慨激昂，在被捕时，对敌人的咆哮只报以轻蔑的沉默，同时刻画了普鲁士军官的狡猾、残忍，尤其小说结尾，当这两个巴黎市民朋友被枪杀后，这个军官吩咐士兵把他俩的鱼拿去煎一煎供他享用。寥寥几笔，将敌军军官残酷无情的形象勾勒得一清二楚。

对这篇短篇小说的翻译过程，郝运似乎已经记忆模糊了，但有一点很明白地告诉笔者，其间他"字典不离手，冷汗不离身"（鲁迅语），他说从事文学翻译不能没有字典，但亦不能望文生义，需要吃透原著的意味，若不顾作者遣词造句的用意，不顾文章结构，光拣字典里现成的译法往译文里填塞，不但不能解决问题，反而会闹出笑话，在这点上，作者与译者要心心相通、珠联璧合，原著与译作才能相互辉映。

再举一例，20世纪80年代初，郝运借到都德写的《巴黎三十年》一书，读了其中《屠格涅夫》这篇回忆文章以后，深深为它所吸引，很想把它译出来，因为一，它记述了屠格涅夫晚年在巴黎的生活情景；二，它写出了都德对这位年长的俄罗斯作家发自内心的敬重之情；三，也是最主要的，它记录了屠格涅夫和法国作家福楼拜、左拉等的诚挚而深厚的友谊。"福楼拜聚餐会"常会被人提起，而都德的这篇文章又正好是有关"福楼拜聚餐会"的极其宝贵的第一手材料。遗憾的是，这篇文章在收入集子时，都德在文章后面加了一个"又及"，这个"又及"讲了有人给都德送了一本"回忆录"作品，其中作品里讲及屠格涅夫对都德的评价和"攻击"。读到这个"又及"，结果使郝运徘徊瞻顾、踟蹰不前，迟迟无法动笔。

"又及"中提到的"回忆录"是谁写的呢？写了些什么呢？屠格涅夫难道真是这么一个口是心非的伪君子吗？这些疑问一直挂在郝运的心头，无法译出，特别是在郝运看到叶灵凤先生的《读书随笔》中题为《作家和友情》的一篇文章后，更是如此。叶灵凤先生在分析了都德的这个"又及"后，得出这样一个结论："作家之间的友谊是最难成立的，尤其牵涉到作品的批评。作家像猫，他始终用一种不信任的眼光注视着他的同类，一面轻视，一面又在嫉妒。"最后他感叹说："'文人相轻'，这诚然是一句刻薄话，但也是事实。每个作家如果都写日记，一旦将这些日记披露出来，我相信将成为一部空前未有的奇书。"

难道说文人都必定相轻吗？难道就没有相亲的文人吗？郝运的思绪惶惑，他坐在书桌旁，望着窗外梧桐树叶随风摆动，渐渐梳理心头疑云：不，不，这个结论未必全对，我们有现成的榜样，像巴金、冰心、曹禺等大家之间长期保持着真诚的友谊。郝运终于查阅到一篇资料，思索良久，他拿起笔写道："我不相信屠格涅夫这样一位慈眉善目的忠厚长者会是一个像猫一样，始终用一种不信任的眼光注视着同类，一面轻视，一面又在嫉妒的作家。都德写的这个'又及'影响既然这么广，我觉得更有必要弄弄清楚。好了，我总算找到了不仅能说明这件事的来龙去脉，而且为屠格涅夫洗清不白之冤的材料。这就是俄译《都德全集·第七卷》编者为《屠格涅夫》所写的后记。"

郝运根据后记作了译述，为此澄清事实、辨别真相，对屠格涅夫作了公正、客观的评价性译介。可见，郝运的翻译不是随意"拿来主义"，而是有的放矢、有所思考、有据可依，他不是为翻译而翻译，而是像史学家那样求证，避免"不知所云"。他在《世界文学》《上海文艺》《文学选刊》等文学刊物上发表的翻译作品，都印证了一个翻译家认真、负责、求真、务实的精神。

郝运对作品较真，对个人名利却不在乎。知名翻译家韩沪麟这样评价郝运：

> 一辈子使洋墨汁，却从未吃过洋面包，虽已入《法语国家名人录》，但实在拙于"关系学"，当时下各色人等能以各种名目飘洋过海之际，他乃蛰伏于书案，苦苦笔耕，不知魏晋，也有人为他鸣冤叫屈，他总是淡然一笑说："不出国，照译书。"真可谓：精神到处译笔老，学问深时意气平。
>
> 值得一提的是，他读书之认真负责、一丝不苟的程度，令同是译家的王振孙"感动万分"，称他是"良师益友"（韩注：打引号者为来信中原话）。因此我说，读者亦不傻，欲知法国名家名作的韵味，就买他译的书过瘾……读者如从他的译文中找出大差错，请报社把信转来，我愿赔偿购书款，这总能避"吹捧"之嫌了吧。

同是翻译家能公开发表说这样的话，这不是溢美之词，而是对郝运的翻译精神的一种肯定。韩沪麟先生也挺幽默，在文后添上这么一段结语："许多作者只知道郝运的译文，或者也抱着好奇的心，想知道一下其真面目吧，那好，试勾勒几笔：1.75米瘦高个，双眼颇大，炯炯有神，对事业执着近痴，像堂吉诃德；衣着简朴，说话温和，手不离书，也许像孔夫子；已逾花甲之年，路见纠纷必趋前调和，乘车见老弱病残，必率先让座，这也有点像雷锋了吧。"

此言不差，一晃三十余年，郝运年龄九十有三，如今垂垂老矣，腰椎、颈椎病痛折磨着他，身心痛苦不堪，但他对翻译事业依然那样挚爱、那样忠诚，他的生命霞光熠熠闪亮，映照后人。也许只有当译者真正隐退在文字背后，读者才能从他的译著中还原和想象这位翻译名家的外表和内在，他的译著给读者带来的是鲜活的心灵、深远的思索、曼妙的探求，即使那个时代已经悄然远去，但他笔下的文学人物、艺术世界却拥有历久弥新的生命力。

深潜译海探骊珠 ◈ 艺术评传

"我是'三烤'出身"

有人说，自由翻译是"SOHO 一族"（Small Office Home Office），即在"小型家庭办公室"翻译。其实未必如此。

郝运是自由职业，没有固定单位、固定工资，也没有医保，靠翻译稿费维持家庭生活。

郝运长子郝珉回忆说：我生于 1953 年 8 月，出生时我家并不是住在石门一路 252 弄 29 号华顺里的石库门里弄，而是在南京西路王家沙对面的南京新邨。父母暂租在那里，一直到 50 年代初。上海从来就是个移民城市。1949 年前，我外婆童杏贞顺带看我母亲（即童秀玉，过继给童蓉贞），从杭州投靠她姐姐童蓉贞。父亲大学毕业从昆明到上海。曾经是国民党军医总监、中将军衔的爷爷并没有给予父亲经济上的支持。上海繁华而又拥挤，和现在年轻人一样，闯荡上海，第一是工作，第二是栖身之所——房子。父亲婚前住哪里我不知道。解放初的上海，社会经济结构发生变化，一部分人把私房或者租房的一部分出租，解决生计。承租人，得付所谓的定金，以金条——"黄鱼"计，从几条到几十条不等。父母他们找过房，中意的定金、租金太高，几乎赤贫的父母只能作罢。后来是母亲的姨母即过继母亲（童蓉贞）出了定金，父母才搬入石门一路 252 弄华顺里（现已拆除）。父亲曾告诉我，从一搬进去，他就立志要靠自己努力——翻译书籍赚钱，有了钱再搬出来。随着时

海上谈艺录 ◆ 郝运卷

郝运工作照

代的变化，依靠稿费收入几乎是不可能买到房子的，所以一直住到 1992 年。郝运妻子也回忆道，1979 年从内迁四川内江的医疗精密仪器厂退休回沪，连栋拼命翻译，我亦拼命抄写，想赚些钱买房子，结果每次收到稿费，积攒起来，房价就上去了。说实话，住在这个"上只角"（上海话，繁华闹市地段），朝南是淮海路，朝北是南京路，确实方便、热闹，但对从事翻译的郝运来说，这样的居住条件实在干扰太大。他住在石库门房前楼，被书橱一拦为二，书桌紧邻书橱，桌上放着一本本厚厚的法语词典和其他书籍，他就坐在藤椅上翻译，这是他长年工作的地方，《红与黑》《帕尔马修道院》以及莫泊桑、左拉等许多中短篇小说，总共近 300 万字的法国文学作品就是在这里翻译的。有次记者访问时，一阵阵苏州评弹乐声从隔壁人家飘进前楼，郝运摇摇头说，这还算好的，一到晚上，几户人家的卡拉 OK 同时放音，那才叫人受不了呢。这幢石库门房子虽说旧了点，但这里住户基本生活条件都算还不错的，可说到当初的翻译环境，郝运自嘲是"三烤""考"出来的。

郝运对笔者这样回忆道：从 1954 年到 1992 年这近四十年间，我们家一直住在上海石门一路的一条狭窄里弄里。旧式二层楼的石库门，楼上楼下共住七户人家，我们一家五口住两间房，一间前楼，一间亭子间。我们夫妻俩住在前楼，既是卧房，也是书房、饭厅、客厅和厕所。这种住房在上海被称为"一条龙"，也就是说"吃、喝、拉、撒、睡都在一间屋里"。由于房子结构、隔音条件差，邻室说话稍微响一点都能听清，有电视机、录音机，甚至还有卡拉 OK 和音响设备的人家就有四家，四面响声传来，声音震耳，影响工作和休息。

我的房间南边窗外是天井和大家进出的大门，天井里装有公用的三只自来水龙头，洗衣、洗菜、洗脸、倒痰盂、洗马桶……皆待用水，因此，从清晨到深夜响声不断，清晨五点多钟即被上早班出门的人吵醒，中午也不能休息，到了夏季夜深十一二点，还有人在龙头前冲澡。

楼下是公用厨房，与楼上仅隔一屋有裂缝的木头地板。我沿墙放置书桌，楼下沿墙放的是三只煤球炉，不仅切菜烧菜声可以听见，而且长期饱受油烟味之苦，我对朋友说，我是"三烤（考）"出身。

还有，我这个人很喜欢交友，但是住处没有卫生间，朋友来了，我又十分担心。有一次北京海政文工团话剧团的编导李恍来看我，谈着谈着他说要小解，我只好带他到隔壁弄堂口的小便池去，他万分感慨地对我说："我要是刚有点灵感，给你这一趟跑下来，灵感完全跑光了。"

李恍（1930—2009）1949 年参军，长期在部队从事文艺工作，1956 年开始发表作品，1985 年加入中国作家协会，国家一级编剧，著有《赤道战鼓》、《甲午海战》（合作）、《夜海战歌》、《海空雄鹰》、《硝烟散去之后》、《郑和下西洋》等话剧与影视优秀剧本。他感慨像郝运这样的中国翻译家在这样艰难的条件下坚守职责，翻译大著，对郝运恬静淡泊、不喜张扬、安贫乐道、敬业踏实的精神深为敬佩。他说这正是中国知识分子"读书随处净土，闭门即是深山"的特质，体现"一箪食，一瓢饮，在陋巷，人不堪其忧，回也不改其乐"的风骨。

乔迁新居译书更安心

随着改革开放的深入，党对知识分子的政策也在逐渐落实，知识分子的生活条件逐步得到改善，积极扭转"造原子弹的不如卖茶叶蛋的，拿手术刀的不如拿剃头刀的"不合理现象。1992年，《新民晚报》记者来到郝运家看了他的居住环境以后，写了《内参》。郝运住房困难早就引起人们的同情，但因他长期独自翻译，无挂靠单位，因此一直难以得到改善。后来上海翻译家协会会长、著名翻译家草婴也在开人民代表大会期间积极呼吁，向市领导如实反映了郝运的情况。不到半个月，郝运的住房问题就得到了解决，很快就由市房管局在长宁区分配了两套房子给他，一套有大小两间，由郝运和老伴居住，另一套是一室户，由郝运的小儿子夫妇俩带一个小孙子居住。

搬家前，原《新民晚报》文艺部主任、记者李坚曾到郝家采访。第二天，即1992年5月22日，《新民晚报》上发表一篇短文，题目是《郝运交好运——记一位老翻译家的乔迁之喜》，文章说"郝运交好运，68岁的老人这几天笑得嘴都合不拢"。他还记下"满头白发的翻译家指指自己的房间说：'我就要搬家了，36年前，从搬进这里的第一天起，就想着搬出去，今天终于如愿了。'"郝运说，以前尽管居住条件不好，然而我还是克服一切困难，在极其恶劣的"一条龙"环境中，努力集中思想，全心全意动笔译书。如今郝运交好运，是千真万确，我终于摆脱了"一条龙"的住所，从此可以安安静静地坐在家里译书了。

人除了自身努力外，有时的确也需要机遇。由于文学创作、文学翻译长期实行低稿酬制，像郝运这样勤奋翻译，卖得出书却买不起房的，并非个例。笔者手边有份上海翻译家协会于1991年10月12日向市有关部门领导为郝运申请改善居住条件的报告，假如没有草婴等一批德高望重的翻译家呼吁、敦促，没有上海市主要领导的批示，没有相关部门的落实，郝运可能还像其他翻译工作者那样居住在简陋、嘈杂的环境中做自己喜爱的翻译工作。

郝运后来搬至茅台路一个小区，与原《新民晚报》编委、副刊部主任、专栏作家秦绿枝（吴承惠）是近邻。秦绿枝写道："（郝运的）新居并不是什么豪宅，但在最高一层，把外面走道上的门一关，便自成一统。""几十年孜孜矻矻于19世纪法国文学的翻译工作中，至今白发苍苍，还是欲罢不能。这是老郝的身心寄托，只要能在字里行间，找到最能表达原著精神的汉语词意，稿费多少，是不去考虑的了。"

再启"莫氏翻译工程"

郝运乔迁之喜时近"古稀之年"，他把精力投入到一个"翻译工程"——与上海译文出版社法文编辑室主任王振孙合力完成《莫泊桑中短篇小说集》。如前所述，莫泊桑仅活 43 岁，他总共写过六部长篇小说，三百多篇中、短篇小说。长篇小说《漂亮朋友》《一生》《温泉》等为广大读者熟悉并喜爱。莫氏用后十年时间写了数百篇短篇，不仅使他得到与契诃夫齐名的"短篇小说之王"的美誉，而且把文学题材带到了一个崭新的高度。业已过世的著名作家高晓声说过，短篇小说不像散文，不是率性、随意而能写出的。此言不虚，早年中国读者认识莫泊桑，了解他的文学风格，主要归功于李青崖（1886—1969）、赵少侯（1899—1978）两位先生。这两位先生都已作古，他们在法国文学园地里辛勤耕耘的功绩不可抹杀。郝运先期翻译过莫泊桑的小说，深谙他的文学价值和风格，所以产生了将他的中、短篇全部译出的决心。这是前所未有的浩大工程，他与王振孙合作完成，分 20 册出版。他们都想趁逾花甲之年，身体尚健朗，完成这个法国文学翻译的夙愿。

这里再插叙下，笔者曾几次想采访王振孙先生而无缘。王振孙先生出生于 1933 年，毕业于南京大学法语专业，在上海译文出版社从事几十年法国文学作品翻译，迄今已出版译作几百万字，主要有《茶花女》《悲惨世界》《左拉中短篇小说选》《温泉》《巴尼奥尔喜剧选》《双雄记》《王后的项链》《不朽》《胡萝卜须》等。他和郝运合作翻译的"译文经典"，是当今读者酷爱的译作丛书之一。在电话里访问，他说自己没有多少可说，他对郝运十分尊敬，称他"是我的老师"，"碰到翻译上的疑问总向他请教"，"是不可多得的良师益友"。很巧，2018 年春节前夕，笔者前往医院探望郝运，正好遇到也正住院的王振孙，他业已 85 岁，他又说起："我的翻译成就不如郝运。""确实，我们那时从事翻译没有想那么多，根本不去计较名利，只想给读者留下好的译本。"

培根说过："书籍是思想的航船，在时代的波涛中破浪前进。它满载贵重的货物，运送给一代又一代。"这真切地道出了精品、力作的价值所在。著名科学家李政道亦语重心长地说过，出版社"不要把赚钱看得太重了，还是要留下一些好书给后代"。确实，历史、后人是记不住有钱人的，而会永远记住那些有成就的人，所以，翻译家、出版社理应多给后人留下一些好书，要有一直追求翻译好书、出版好书的境界和理念。郝运很欣赏一位外国同行的一句话："印在纸上的文字是一种有生命的神圣的东西。"这个"有生命的神圣的东西",就是指那些有原创价值、有特色、有个性,能经得起时间的检验,能穿越历史时空的有利于人类文化进步的书。这些通过超越时间和空间而存在,而生长,而增值,成为人类永久的教师、宠儿、伴侣的书就是精品书、经典书。

从这个意义上讲,郝运与王振孙合译莫泊桑中、短篇小说集,需要默契合作、心心相印的精神。在选定这样的选题时,他们考虑到莫氏中、短篇小说具备几个条件:在思想价值上,是人类进步思想的前卫;在创作上,继承了法国现实主义传统,又接受左拉的影响,带有明显的自然主义倾向;在流派上,具有个性化、独创性;在艺术上,短篇小说数量巨大,艺术成就卓越;在内容上,人物形象鲜明,栩栩如生,他们的经历、思想、品德、意志、才能、性格、作风、爱好以及功过是非跃然纸上,折射出了那个时代的真实风貌。这个浩大工程非一朝一夕所能完成,需要顽强的毅力,精品、佳作更需"十年磨一剑"的精神,如著名出版家柳斌杰所说:"书跟别的东西不同,做饭臭了是一顿,做书臭了是一世,书是永久的消费品。浮躁、轻率、一夜成名的思想是要不得的。"

知名翻译家韩沪麟这样评价道:这种合作不仅仅在于译文质量,涉足译坛的人都知道,合作译书并不罕见,但长期合作却不多,中途龃龉退出者有之,书译完彼此指责发牢骚者有之,各自认为稿酬分配不均者有之,甚至闹得不可开交,翻脸相向,对簿公堂恐怕也有,像他们过去已长期合作,现在又再次合作把 20 册莫氏作品译完者能有几人?这也可算是译坛的一段佳话了。

其实,韩沪麟先生此前就为郝运、王振孙的合作,用文字作了肖像描述:

> 酒吧迪斯科,按摩桑拿浴,进口烟酒小轿车,官倒走穴出国忙,统统与他们无缘,他们属于另一个世界,一个质朴、寂寞然而又是无比美好的世界。他们的生命在燃烧;他们为国家带来了荣誉,给社会增添了精神财富;他们酿成"美酒"醇香扑鼻,采撷"珍珠"灿烂夺目,这一切都会使另一个浮华、喧嚣的世界现出浅薄的脂粉气,黯然失色。
>
> 哥俩脾性相近,又是多年志同道合的事业上的同伴,手足之情自不待言。然而两人每年不过互访区区几次,清茶一杯,席不暇暖又匆匆道别,淡淡的、悄悄的、温温的。即使在短暂的会见中,除去简洁明了地谈谈译事上的话题之外,也是无言相对的时候居多,情谊的最高境界也许就存在于绝对的自由、无声的交流,以及深不可及的虚无之中吧。
>
> ……
>
> 他俩不善交际,却不乏朋友,不爱说话却口碑极好,个中奥秘,唯真

诚温良耳。

　　两片清风下抖瑟着的枯黄的树叶，两块静默无言、质朴无华的磐石，两头不问收获、只知耕耘的老黄牛。

　　这篇文章写得很生动形象，将他们的性格、风骨刻画得惟妙惟肖。也许是共同的翻译理念、翻译目光、翻译作风，让他们在近二十年间相互砥砺、道同相谋，一个在耄耋之年，一个逾古稀之年，历经数千个日夜，浸润着他们的心血、智慧，终于在 2006 年成功完成 20 册《莫泊桑中短篇小说全集》的翻译、出版。

《莫泊桑中短篇小说全集》（20 册），郝运、
王振孙、赵少侯译，人民文学出版社出版

　　虽有李青崖、赵少侯两位翻译前辈的译本作参考，但这项浩大工程的集全出新，没有坚韧不拔的精神是不行的，对读者而言，可谓功德无量。

　　不妨举例作些对照，多位译家的译艺、译才可见一斑。

　　如景致类描写，莫泊桑的短篇小说《幸福》中一段：

　　　　太阳落下去了，留下那片泥金般的回光使天空变成了玫瑰色；风平浪静的地中海还在薄暮里漾着光阴，像是一片经过打磨而且渺无边际的金属。

　　　　远远地，靠右边，好些锯齿般的山峰隔着淡淡的霞光，描出了乌黑的剪影。

　　　　　　　　　　　　　　　　　　　　　　　　——李青崖译

《莫泊桑中短篇小说全集》
（20册）插图

太阳已经落山，留下满天的红霞，而且好像撒上了一层金粉。地中海风平浪静，那平坦的海面在即将逝去的日光下闪闪发亮，看上去如同一块其大无比的、光滑的金属板。

远远的，在右边，那些锯齿形的山峰在淡红色的晚霞里显露它们黑魆魆的身影。

——郝运译

如天色类描述，莫泊桑的短篇小说《苡威获》中一段：

黄昏已经到了，这正是水边的一个天空着色而情调柔和的寂静黄昏，一个使我们感到人生幸福的安逸黄昏。没有半点儿微风惊动树的枝叶，吹皱塞因河的平坦清浅的水。这时气候温和并不很热，真是舒服的。塞因河两岸的可人凉气正向着晴朗的天空上腾。

太阳在远树后面向着旁的地方走了，我们仿佛嗅得这个已入睡乡的大地的安逸，我们在空间的和平里嗅到人间的闲暇生活。

——李青崖译

郝运他们把书名改译为《伊薇特》，这段译成：

> 夜幕降临。这是一个河边的安静的黄昏，色彩丰富而光线柔和；这是一个使人感到幸福的悄然无声的黄昏。没有一丝微风使树枝摇曳，没有一息气流扰动塞纳河平静明亮的流水；可是这时候天气温和，并不太热，使人感到舒服。塞纳河两岸沁人心脾的凉气正在往晴朗的天空升腾。
>
> 太阳落到大树后面别的地方去了，我们仿佛嗅到了已经入睡的大地的舒适，我们在宁静的空间嗅到了人间的懒散的生活。
>
> ——王振孙译

如肖像类描绘，对莫泊桑的短篇小说《羊脂球》的主人公有一段：

> 她是以妙年发胖著名的，得了个和实际相符的浑名叫做羊脂球。矮矮的身材，满身各部分全是滚圆的，胖得像是肥膘，手指头全是丰满之至的，丰满得在每一节小骨和另一节小骨接合的地方都箍出一个圈，简直像是一串短短的香肠似的；皮肤是光润而且绷紧了的，胸脯丰满得在裙袍里突出来，然而她始终被人垂涎而被人追逐，她的鲜润处所教人看了多么顺眼。她的脸蛋像一个发红的苹果、一朵将要开花的芍药；脸蛋儿上半段，睁开了一双活溜溜的黑眼睛，四周深而密的睫毛向内部映出一圈阴影；下半段，一张妩媚的嘴，窄窄儿的和润泽得使人想去亲吻，内部露出一排闪亮而且非常纤细的牙齿。
>
> ——李青崖译

> 她身材矮小，浑身都是圆滚滚的，胖得要流油，连一个个手指也是肉滚滚的，只有在节骨周围才陷进去，就像是几节短香肠；皮肤绷得紧紧的发着亮光，丰满的胸脯在连衣裙里高高耸起。尽管如此，她还是很吊人胃口，追逐她的人多如牛毛，因为她那鲜艳娇嫩的气色，实在叫人看了觉得可爱。她的脸蛋像一只红苹果，又像一朵含苞待放的芍药。脸蛋的上部，闪烁着两只美丽、乌黑的眼睛，四周遮着一圈又长又浓的睫毛，睫毛的倒影映在眼睛里，脸蛋的下部是一张窄窄的媚人的小嘴，嘴唇滋润，仿佛就为接吻而生，嘴里是两排明亮而细小的牙齿。
>
> ——王振孙译

如心理类描写，莫泊桑的短篇小说《项链》中对罗瓦赛尔太太有一段：

　　她总觉得自己生来是为享受各种讲究豪华生活的，因此无休止地感到痛苦。住室是那样简陋，壁上毫无装饰，椅凳是那么破旧，衣衫是那么丑陋，她看了都非常痛苦。这些情形，如果不是她而是她那个阶层的另一个妇人的话，可能连理会都没有理会到，但给她痛苦却很大并且是使她气愤填胸。她看了那个替她料理家务的布列塔尼省的小个子女人，心中便会产生许多忧伤的感慨和想入非非的幻想。

——赵少侯译

　　她觉得自己本是为了一切精美的和一切豪华的事物而生的，因此不住地感到痛苦。由于自己房屋的寒伧，墙壁的粗糙，家具的陈旧，衣料的庸俗，她非常难过。这一切，在和她同等的妇人心上，也许是不会注意的，然而她却因此伤心，又因此懊恼，那个替她照料琐碎家务的布列塔尼省的小女佣人的样子，使她产生了种种忧苦的遗憾和胡思乱想。

——郝运、王振孙译

如内心独白，莫泊桑的短篇小说《寂寞》中主人公有一段：

　　自从我感到了人生的寂寞以来，仿佛自己一天比一天更其深邃地坠入一个晦暗地窖里，我固然没有找不着它的边缘，认不得它的止境，并且它也许是本来简直没有终极的！绝没有谁陪我到那儿去，绝没有谁在我的四周，绝没有谁走过这条同样黑暗的道路。这地窖子就是人生。有时，我听见一些噪响，一些人声，一些叫唤……我就摸索着对那些模糊的声浪走过去。

——李青崖译

郝运他们把书名改译为《孤独》，这段译成：

　　请听我说。自从我感觉到我有多么孤独以后，我仿佛每天都在更深地进入一条阴暗的地道，这条地道我没有找到它的边，我不知道它在何处结束，也许它根本没有尽头！我在里面走着，没有人跟我一起走，我的周围没有人，也没有活着的人走这条黑暗的道路。这条地道，就是生活。有时候我听见响声，说话声，叫声……我摸索着向这些嘈杂的闹声走去。

——郝运译

对不同译家的文字风格，读者可以见仁见智，但郝运、王振孙所下的功夫、所体现的意境，不能不令笔者惊叹。笔者亲眼目睹郝运在自己留存的业已出版的唯一一套《莫泊桑中短篇小说全集》上，每本都用铅笔画出的修改段落、词句，可见他译后还在用心推敲、琢磨。

谈起《莫泊桑中短篇小说全集》翻译、出版的"功劳"，郝运总是提起他的好友、老弟王振孙。而笔者电话访问王振孙，这位资深翻译家总连连推脱，说郝运是他的老师，在合译中每遇到译文疑难处总向他请教。可见，两人的性格都是谦虚、恭敬的。

与郝运交谈、接触，从来没听他在背后臧否人物，无论是对人、对事，从来不说谁如何如何不好，总是说人家的长处，永远与人为善。而王振孙说，郝先生为人很友善、淡泊名利，对工作很认真、负责，翻译中总是斟酌、推敲，找最恰当、最贴切的词汇，表达小说中人物语言、心理、情感。

与郝运交往中，看得出他是一个非常本色、质朴的人，在他身上看不到虚伪的包装的色彩。其人其文，绝没有用理论吓唬人，也没有那么多起承转合，只是就事说事，语言也非常朴实，这也为学院派所不重视，觉得他只能就事论事，没有什么理论。实际上郝运的很多理论是尽在不言中，用朴素的语言说出深刻的寓意。

谈到翻译，郝运认为杨绛有句话说得非常好，"译者得用读者的语言，把原作的内容按原样表达，内容不可有所增删，语气声调也不可走样。原文的弦外之音，只从弦上传出；含蕴未吐的意思，也只附着在字句上。"若用一句话概括，那就是"忠实于原著"。许多优秀的翻译家带给读者很多滋养，不但是文学修养，而且是思想启迪，尤其是像傅雷、钱锺书、杨绛、季羡林、杨宪益这一代翻译家，他们本身有着深厚的中文功底，然后再接触到西方文化，因而形成了真正的中西合璧的知识结构。因此在翻译时，对于中文的拿捏也更为精妙，更富有创造性。

三句不离本行，郝运谈莫泊桑、福楼拜，谈法朗士、都德，强调是文学翻译。翻译有外事翻译、科技翻译、商贸翻译、工业翻译等，但文学翻译有自己的特点，其标准之一是"信、雅、达"，既然是文学翻译，首先要有文学性，是文学的再创作。当然，文学不等于文采，不能只有漂亮辞藻的堆积。譬如郝运认为，翻译莫泊桑，其实要与社会背景、人生经历相联系。莫泊桑的短篇小说大都以日常生活故事或图景为内容，平淡准确得像实际生活一样，没有人工的编排与臆造的戏剧性，不以惊心动魄的开端或令人拍案叫奇的收煞取胜，而是以一种真实自然的叙述艺术与描写艺术吸引人。在描述中，莫泊桑甚至不用情节作为短篇的支架与线路，更力戒曲折离奇的效果，他总以十分纤细、十分隐蔽、几乎看不见的线索将一些可信的小事巧妙地串联起来，聪明而不着痕迹地利用最恰当的结构，把主要者突出出来并导向结局。在对人物的描绘上，莫泊桑不追求色彩浓重的形象、表情夸张的面目、惊天动地的生平与难以置信的遭遇，而致力于描写处在常态的感情、灵魂和理智的发展，表现人物内心的真实与本性的自然。莫泊桑的作品真令人叹服！

有一回，曾与郝运聊及《莫泊桑中短篇小说全集》，我说我读过点，感到译文很美，富有文学性，他却话不多，似乎陷入回忆，悄悄找出他们的译本，翻了几页。其实，笔者从他与王振孙的译著中似也读到更深层次的文字，有文学，有哲理。笔者由此想到：郝运交上好运，仅仅是住房这类物质条件么？对于郝运痴心于译著而言，能在退休后的十多年时间里，将五大卷、20 册，共计 303 篇，225 万字的《莫泊桑中短篇小说全集》合译出来，不也是一种运气么？倘若没有一种精神追求，即便有高楼、洋房，在郝运的生命里总会感到缺少"神圣的东西"，人生道路由此黯淡许多。

第八章

翻译艺术

翻译要耐着性儿咀嚼再三，决不擅自用粉皮代替海蜇皮。

——郝运

心灵的"深度阅读"

著名诗人、翻译家余光中（1928—2017）说过："读一本书最彻底的办法，便是翻译。"郝运对此非常认同，对他来说，长期从事翻译工作，一部又一部译作的问世，标志着自己完成了一次又一次"深度阅读"的心灵之旅。

何谓翻译？有人说，翻译很难，需要严谨、工整、贴切，做到意美、形美、音美。很多学者、译者对此特有心得。例如，闻一多先生（1899—1946）强调，译者不能滥用词，潜词造句应该格外小心，不要损伤了原作的意味。周煦良先生（1905—1984）有句话说得很中肯，他说：字典上的字等于化学符号，某个外文字，译成中文某字，等于水是 H_2O，我们在译文中要用的是水，而非 H_2O。北宋僧人、佛学家赞宁（919—1001）给翻译下的定义是："翻也者，如翻锦绮，背面俱花，但其花有左右不同耳。"这个生动的比喻，说明翻译是一种艺术（如翻锦绮），它将（语言的）形式加以改变（左右不同），而内容不变（背面俱花）。

傅雷先生（1908—1966）更是见解独到，他根据自己长期的译事经验，提出译文"要求传神达意"的论旨，他认为传神，首先在于体会原著，"任何作品不精读四五遍决不动手，是为译事基本法门。第一要求将原作连同思想、感情、气氛、情调等等化为我有，方能谈到移译"。对原作要能透彻理解，深切领悟；翻译就是要把译者自己理解和领悟了的，用相应的文笔和风格表达出来。理解致力于达意，领悟作用于传神，传神是更高范畴上的达意。对原文切忌望文生义，穿凿附会。如果说，理解原文的要求，在于心领神会，那么，表达的功夫，则在于对于中法两国文字能融会贯通。化为我有，是为了形诸笔墨。傅雷这样提出："理想的翻译仿佛是原作者的中文写作。那么原文的意义与精神，译文的流畅与完整，都可以兼容并蓄，不至于再有以辞害义，或以意害辞的弊病了。"翻译基本上是一种语言艺术，所以傅雷在文字上要求"译文必须为纯粹之中文，无生硬拗口之病"，原作的语言读起来决不会像经过翻译似的，译者在翻译时，则应力求使用纯粹的祖国语言，而不应带上原作所没有的翻译腔。

翻译语种不同，但翻译艺术之道是相通的。比如朱生豪是著名的莎士比亚戏剧翻译家，他以惊人的毅力，译出了莎士比亚 37 部剧作中的 31 部，文学功底深厚，翻译技艺精湛，然而天妒英才，1944 年 12 月，年仅 32 岁的朱生豪因病逝世。曾在华东师大数学系工作、后改行法国文学翻译的上海译文出版社编审周克希在一次讲座中回想他刚开始译小说时，受到郝运先生指点、帮助的情景，"他要求我尽量贴近原文，要时时想到作者'为什么用这个词，而不是另一个词'。我初次登门拜访之时，他就建议我每天看一点中国作家的作品（而不是翻译作品），后来我逐渐明白，这是为了使自己对文字始终处于一种敏感的状态，让译文变得鲜活些，离翻译腔远些。郝运先生是我当翻译学徒期间手把手教我手艺的师傅。"当听讲座的读者问周先生翻译中"会不会一直想要将每个词都译得非常准确，这样会不会导致花太多时间纠结在一些小的点上"时，周先生答道："当然有这样的愿望，但未必能做到。我觉得翻译是没有定本的，很难说已经达到理想的状态。一个译本能有十年、二十年乃至五十年的生命力，就已经是很好的译本了。像朱生豪先生的莎士比亚译本，到现在已经有好几十年的生命力，这是很不容易的。他是用生命在翻译，可惜很年轻就去世了。如果他不是那么劳累的话，说不定能够活得长一点。而这就涉及一个人对生命的看法：如果你更重视生命长度，你会觉得那样不值；如果你更重视生命质量，那就值了。"

周克希先生的回答很中肯、贴切，翻译不仅是语言的转换，同时包含思想情感，亦蕴含人生价值，并不是简单的语言切换，而是文学、艺术的表达，是生命力的展示与延伸，"用生命在翻译"正是优秀翻译家的使命和所追求的目标。文学翻译重在表达人物思想感情、故事情节、心理活动等，翻译难度更高。翻译把一种语言转换成另一种语言，把一群原著读者演变成另一群译著读者。由于各个国家、民族、社会、语言、民情、风俗的不同，翻译只能尽可能地接近原作的神韵和情调，难以完全再现。源语中有些词的词义、意蕴，在目的语中没有完全对等词，这就需要译者按自己的母语"化为我有"，找到能让汉语读者领会的译语。

确实，大凡有心的翻译家，往往在翻译的同时潜心研究，总结经验，如翻译家罗新璋先生总结的"三非"（外译中，非外译"外"；文学翻译，非文字翻译；精确，非精彩之谓）等。关于翻译，前人有许多值得借鉴的论述，老子早说过"信言不美，美言不信"，道出翻译的两难境遇，但"圣人之道，为而不争"，这就是译者的译品，需要有绅士风度；孔子也曾说过"知之者不如好之者，好之者不如乐之者"；严复提出了"信、达、雅"的翻译标准；鲁迅有关于中国文学的"三美论"（意美、音美、形美）；钱锺书有"化境说"（文学翻译的最高标准是"化"）；朱光潜有"诗论"（意境，"从心所欲，不逾矩"是一切艺术的成熟境界）；郭沫若有"再创论"（"好的翻译等于创作，甚至超过创作"）；傅雷有"神似说"（"翻译应当像临画一样，所求的不在形似而在神似"）；叶君健有"竞争说"（"要把尽量多的世界文学名著变成中国文学的一部分……这里要展开竞赛"）等等，不一而足，各持主张，这对繁荣我国翻译事业大有裨益。文学翻译是实务、实践，再好的养花理论也需要配以适当的浇灌、光照、剪枝，花朵才能艳丽夺目、争奇斗艳，且艳而不俗、丽而不媚。郝运由此打比喻。

有人根据译者对原文和译文进行比较与观察的角度，分为文学翻译和语言学翻译。文学翻译寻求译文与原文之间文学功能的对等，其理论往往主张在不可能复制原文文学表现手法的情况下，译文只能更美而不能逊色，缺点是不重视语言结构之间的比较和关系问题。语言学翻译寻求两者之间的系统转换规律，主张把语言学研究的成果用于翻译，同时通过翻译实践促进语言学的发展。

从语种方向角度，翻译还可以分为中译外和外译中，是将灿若明珠的法国文学名著介绍给中国读者，这是外译中，属于"输入"翻译。也有"输出"翻译，郝运举了当代著名作家、诗人、翻译家余光中《谈文学与艺术》中的例子，说及余光中与瑞典文学院院士马悦然的对话："像杜甫《登高》里面有这两句：'无边落木萧萧下，不尽长江滚滚来。'无边落木，'木'的后面接'萧萧'，两个草字头，草也是木；不尽长江呢，'江'是三点水，后面就'滚滚'而来。这种字形结构带来的视觉上的冲击，无论你是怎样的翻译高手都是没有办法的。"但书中将此两句诗译成英文：

The boundless forest sheds its leaves shower by shower；
The endless river rolls its waves hour after hour.

这两句英文如要还原，大约可以说是：无边无际的树林一阵一阵地撒下了树叶，无穷无尽的长江时时刻刻波涛滚滚而来。这个英译基本可以说是神似，而不是西方所谓的对等翻译。这里有"深化"和"浅化"的"分译法"，都是发挥了译语优势的译法；"等化"则发挥原语的优势，一般只能做到"意似"，下焉者却是硬译，"等"而不"化"，只能是"形似"。所以，翻译要根据实际情况，尽可能传达原文的"三美"：意美、音美、形美，达到西方对等论无法达到的高度。这是一门深刻的学问，也是一种优美的艺术。

从事法国文学翻译也是如此。说起来可以举许渊冲先生的例子，他翻译诗词和古代文学的功力炉火纯青。许渊冲先生曾提出文学翻译的三个公式：一、译词：1＋1＝1（形似）；二、译意：1＋1＝2（意似）；三、译味：1＋1＝3（神似）。国内有不少翻译研究者强调译文要尽量在形式和内容上忠实于原文，而许渊冲的翻译却不拘泥于原作，讲求再创造。"西方语言里，英、法、德、俄、西语90％可以对等，但中国语言和西方语言的对等只有50％。怎么办呢？"他认为译文可以和原文不对等，"要发挥译语优势"；他还认为翻译是两种语言和文化的竞赛，译文甚至可以超过原文，"文化交流的目的是双方得到提高"。这种"优势论"和"竞赛论"似乎新鲜，但也成了在翻译界颇受质疑的一点。

郝运对翻译并没有什么"标新立异"之论，只是认为要做好翻译，须读懂、读透原著，从而用汉语准确地表达，包括不同的环境、不同的人物、不同的对话。翻译贴实、化境，做到"脱胎换骨""青出于蓝胜于蓝"，需要花心思、花精力反复斟酌而非一笔断定。文学翻译再创造以"不悖原文"为"矩"，即不违背原文的意义、精神。具体说，不能长句子长句翻，亦不能笼统地用短句子传译长句子。郝运的翻译观点是重文学翻译的那个"艺"字，追求翻译中的"精彩""精粹""精华"，也就是除"信、雅"外，还要"达"，要求做到"三用"：通用、连用、惯用，译文应该是汉语目前通用的语言，用词能和上下文连用，合乎汉语的"惯用"法。文学翻译理论其实并不是科学，除了熟稔的技巧外，更是艺术，与创作理论、音乐理论一样是艺术。

郝运在长期的翻译生涯中，非常强调的一点是，翻译就得翻出原作者的精神、面貌、风格才行。这令人想起著名学者冯友兰先生在《哲学与诗》中所说的四种境界：自然境界是指不自觉的精神状态，功利境界是指为私的状态，道德境界是指为公的状态，天地境界是指纯粹的精神状态。对翻译而言，翻译而不理解，逐字硬译是自然境界，抢译畅销书是功利境界，把翻译当任务是道德境界，从必然王国到自由王国是天地境界。冯友兰先生说过："诗，写可以感觉的东西，但却在里面显示出不可以感觉的，甚至是不可思议的东西。诗的含蕴越多越好。满纸'美'呀，读来不美，这是'下乘'；'意似'是'中乘'；不用'美'字却使人感到美才是'上乘'。"文学翻译何尝不是如此？

笔者在近两年多次采访郝运时，一直忐忑于自己对于外国文学和翻译的无知，生怕听不懂郝运所谈的内容。事实上，交谈的过程中，郝运始终不与笔者谈论高深的翻译理论，他的话语很平实，让笔者感到十分轻松愉快，读他的译作恐怕也非佶屈聱牙，不忍卒读，而是一种精神交流、心灵享受。

在郝运身上有一种学人特有的儒雅气质，但他说话时从不"掉书袋"，也不像一些会说点外语的中国人那样，说中国话时冷不丁地冒出一两个外语单词来，甚至提到那些法国作家的名字时，也不以法语标准发音，而是说其中文译名。记得有位哲人说过："会读书的人说话时，他要说他自己的话，不堆砌名词，亦无需旁征博引；反之，一篇文里引书越多的一定越不会读书。"郝运的翻译观念也是如此，也由此引导他在法国文学殿堂里不断发掘宝藏。

翻译家不能"眼高手低"。正因为眼界高、视野宽，郝运时常感叹"'译'海无涯"，每当翻看自己从前的译作，他总能发现不足，即使退休后总没法"消停"下来。在当代翻译家中，他推崇傅雷、巴金、草婴等翻译大家，成为他们的挚友。他认为好的翻译家必须像他们那样，具备很深厚的中文功底和文艺素养，诚如傅雷所言："一个成功的译者除钻研外文外，中文亦不可忽视……译事要以艺术修养为根本：无敏感之心灵，无热烈之同情，无适当之鉴赏能力，无相当之社会经验，无充分之常识（即所谓杂学），势难彻底理解原著作，即或理解，亦未必能深切领悟。""要提高自己的翻译水平，一定要读中国古诗文，那些丰富而凝炼的词句，在翻译中随时可以派上用场。"郝运说，翻译是艺术，艺术是宽广的，但必须打牢中文根底，因为译文是让中国人看的，所以必须是"纯粹的中文"。

翻译风格与风格翻译

要评判郝运的翻译风格，恐怕难以用一两句话来概括或判断，有道是：深邃的大海自有蛟龙，清浅的小河只有鱼虾，深潜、畅游于瑰丽多姿的"译海"，可以蝶泳、蛙泳、仰泳、自由泳、接力泳……在抵达彼岸途中，唯有不惧艰难、奋力前行而断然不可孤芳自赏、自命不凡。尽管译家都有自己的偏好，但力求"原汁原味"又用中国风味传译，这是郝运与其他翻译家的共同点，差异在于，郝运总在不断尝试不同风格的原著，他认为"只要开始，永远不晚"，他说他毕生做的是"苦差事"，当然也是"快乐事"——翻译从来不是大喊大叫的职业，不是自我吹嘘的营生，而是默默"煮字"，静静"蒸句"，沉默中与人物交会，喧嚣处对世事沉思，由此常遇到苦恼烦闷，而后豁然开朗，内心产生的快慰之情非他人所能了解抑或体察的。

郝运认为他做翻译的风格实际是"傻子"风格，他曾回信译界朋友用了一句法国俗语："se faire tout petit（尽量不惹人注意）。"笔者读过他的几部译作，从未看到他讲述自己翻译风格的片言只语。作为世界优秀文化守望者、法国文学汉译耕耘者，他则用"郝运 译"三个字，足以表达他恬淡的翻译观：翻译水平的高低、翻译风格的优劣，自有读者去评判、品味。读者在发表对他译作的评论、赞誉时，可能不一定注意"郝运　译"三个字，而只是关注译文本身，郝运对此并不介意，他认为翻译本身是一个幕后工作，译者并不需要很大的公众知名度，只要读者感到满意，自己就非常心满意足了。

若要谈郝运的翻译风格，则离不开他的恬淡宁静、埋头实干的精神。性格也是人格，他把翻译视为生命孕育与缔造的过程，将法国文学里的各种人物命运活现在读者心里，生命的张力便从一个国度延伸到另一个国度，"文学即人学"由此显出其特有的价值和意义。而生活中，他过得清贫、恬淡，这是一种心境，一种修养。也许，生活恬淡的人，在心里，修篱种菊，植一缕阳光于心，四季都是春暖花开；他们不喜浮华，不慕虚荣，精神在文字里徜徉，生命在译海中深潜。这对郝运来说，是无比快乐的事。郝运从无豪言壮语、滔滔不绝，他觉得，从事翻译先在于如何做人，做人应俯仰之间，不谄不渎，"身在丝绒樊笼，心有精神家园"，不贪富贵，不慕名利，面对伴随成功而来的祝贺和荣耀，坦然平静地接受，面对磨难和压制，心平气和地接纳，把成功看作是上苍的奖赏，把挫折看作是上苍给自己的考验。

自然，文如其人。翻译风格是客观存在的，不同原著作者的写作风格不同，翻译者的学识修养、气质特性不同，使文学翻译不可能"千人一面""千篇一律"，不同的翻译风格、翻译流派乃至翻译理论应运而生、层出不穷，这对中法文学、世界文化交流是有利的。

世界文化其实是多元的。纷纭复杂的文化世界可分四个体系：中国文化体系，印度文化体系，阿拉伯伊斯兰文化体系，自古希腊、罗马直到现在的欧美文化体系。前三者为东方文化体系，后者为西方文化体系。季羡林先生曾指出："西方印欧语系的语言，特别是那些最古老的如吠陀语和梵文等等，形态变化异常复杂，只看一个词儿，就能判定它的含义。汉语没有形态变化，只看一个词儿，你就不敢判定它的含义，必须把它放到一个词组或句子中，它的含义才能判定。用惯了这种语言的中国人，特别是汉族人，潜意识里就习惯于普遍联系，习惯于整体观念。"郝运在长期翻译生涯中也深深体悟到这点，他认为：中西方思维方式、文化差异，导致翻译风格的不同，译家在对待原作的语言风格、表达特色时必须表现出慎而又慎的态度，宁愿戴着原作的"镣铐跳舞"。

至于翻译理论，他说他长期从事翻译实践，讲不出多少深奥理论，亦无意去探求各种翻译流派，但有几条自己坚持遵守的基本准则：一是忠实于原著；二是自然；三是要使中国读者喜欢。他认为，唯有忠实于原著，世界上真正优秀的文学作品的生命力才能得到延续，其独特的艺术个性得以进入汉语文化系统。

自立、自信，自尊、自强，这是郝运翻译生涯的写照。

烈日炎炎，骄阳似火。笔者有一次登门拜访郝运，他依旧话语不多，笑吟吟地弯着腰坐在硬靠背椅上，笔者很想"套"他一些有关翻译的话题，此时他已"封笔"多年，对过去的事已经记得不很清楚。突然，他冒出一句"翻译必须是活译、互译，而不是直译、硬译"，此话何讲？他弯着腰、慢吞吞地走向书房，拿出一沓发黄的报刊资料递给笔者，原来是他保存多年的个人文章，于是笔者抄录下来，立此存照：

> 我个人从翻译过程中感到司汤达的文章风格朴实、明晰、严谨，讨厌华丽的词藻、复杂的修饰语，以及语言表达不清和玩弄比喻等手法。总之一句话：自然。……译文读起来不能完全是洋文那样的味道，必须有中文的流畅凝练，但又不能完全地"意译"，要保留点"洋味"，这样才耐品——分寸的把握十分重要，也十分难。

笔者恍悟：所谓"活译、互译"，正是把西方的语言同汉语沟通，在沟通中进行重建。所有这些，都服务于中国读者，诚如别林斯基所言："读者群是文学的最高法庭、最高裁判者。"

笔者由此也联想到，所谓风格有两层意思：自己的和原著的，是支撑一部作品"立起来"的两条腿。再现原文风格是译者应该追求的目标，译者应完全把握原作的风格；而在自己的艺术个性和原作的风格之间，译家需要实事求是地对待两种语言之间的差别，以期在"信"的基础上，达到原作风格与译作风格的一种动态平衡。

不妨再举《帕尔马修道院》为例，南京译林出版社的罗芃版《巴马修道院》和上海译文出版社郝运版《帕尔马修道院》，其不同的翻译风格颇有意味。

在第三章《法布利斯在滑铁卢战场上》，法布利斯成功越狱，骑马向滑铁卢战场走去。他遇到一位女商贩并与之攀谈。这位女商贩象征法国人善良、公正、热情的一面，正是她给初涉战场的法布利斯提供了不少有益的建议和帮助。初次见面，女商贩的一段话颇能体现她的性格特征。两位译者分别翻译如下：

> "我猜到了，"最后她得意地叫了起来，"您是一个年轻的城里先生，爱上了骠骑兵第四团哪位上尉的太太。您的心上人送了您这套军装，您现在就穿着它来追赶她……"
>
> ——上海译文出版社，郝运译，第 35 页

"我猜到了，"她终于得意地大声说道，"你小子是城里的公子哥，爱上了四团哪位官太太。这身军装一定是太太给你的，你正在找她……"

　　　　　　　　　　　　　　——南京译林出版社，罗芃译，第34页

　　这两段话最大的区别就在于人称和称谓的不同翻译。郝译中，女商贩称法布利斯"您"，称她想象中法布利斯的情人为"上尉的太太""您的心上人"，声如其人，我们眼中的女商贩便是一个彬彬有礼、注重尊卑、充满浪漫情怀的人。而在罗译中，女商贩一开口便称法布利斯"你小子"，称她杜撰出来的法布利斯的情人为"官太太""太太"，这里的女商贩便给人豪爽、直率、老练世故的印象，一个大嗓门、心无城府的法国女商人形象跃然纸上。而"官太太""你小子"，都是较为通俗的中文词语，这样的女商贩形象也是中文读者较为熟悉、容易理解的。

　　郝运说过："我只追求一个目标：把我读到的法文好故事按自己的理解尽可能不走样地讲给中国读者听。"在他看来，翻译文学作品首先要"力求忠实原文"，要尽可能贴近原作的语言风格，甚至保留欧化句式。至于罗芃，从他的译文中便可以体会出他更加注重汉语的语言习惯和环境，所谓"归化"。

　　无论"欧化"还是"归化"，还是两位译者翻译方法、翻译风格不同，对《帕尔马修道院》的翻译存在较大的差异，但他们的译文从不同方面挖掘了司汤达名著的魅力，应灵活运用、取长补短，读者从译文中兴许亦能体验到什么。

　　对翻译作品而言，是否翻译出原著的风格决定了文学作品翻译的成败，从某种意义上说，再现了原著的风格，即保存了原著的生命，反之，无异于断其生命之源。郝运认为，翻译风格实际是风格翻译，是把不同作家的创作风格贴切地反映和表达出来。都德、法朗士、莫泊桑、大仲马等，都有自己的写作风格，他们的文学作品是语言的艺术，其风格是作者一系列语言特点的综合反映，在用词、句法等语言的各个层面都有体现，形成统一又有个性的言语格调，好的翻译就是把这种风格或者说风味翻译出来，从而形成自己的翻译风格。当然，在中国译界，各个译者对风格的体会和把握见仁见智。钱锺书先生曾指出："文学翻译的最高标准是'化'。把作品从一国文字转变成另一国文字，既能不因语文习惯的差异而露出生硬牵强的痕迹，又能完全保存原有的风味，那就算得入于'化境'。"这里，钱锺书先生所说的"风味"，我们就可以理解为风格。

　　郝运认为，翻译时，如何使文言与白话水乳交融，和谐无间，其中大有讲究，需要多读古典名著，多接受艺术熏陶。同时他更追求字字推敲，句句用神，比如"jeune"即"年轻"的意思。"jeune"用在"人"的前面时，就按性别译为"青年"

及"姑娘";跟"笑容"搭配时译为"青年气息";跟"Beau"一词连用而形容年轻人时，则译为"漂亮的小伙子"。至于"élégant"一字，就更丰富多彩了，修饰"生活"时，译为"讲究";修饰一个人的"打扮"时，译为"风度翩翩";修饰"布置"时，译为"高雅";提到"人物"时，男译为"漂亮哥儿"，女译为"风雅女子";搭配"图案"时译为"富丽";提到"轿车"时则译为"华丽"。而很多译者，则多译为"高雅"了事。"horrible"，这是一个比较夸张的、富有戏剧性的形容词，开始译为"丑""可怕"，但根据原著，用词越来越丰富，如"可怖""阴惨""惊心动魄""可憎""凄惨"等等，总之，把它们化解成合乎中文的说法。对色彩变化，即每一个词出现时，按其语境的不同，意义多少都有差别，这种差别，可能相当细微，但为了使译文读起来富有色彩变化，译者不得不特意留神。一般来说，越简单的词，越简短的句，就越难翻译，需要变化多端，感情色彩不同，读者情感亦相异。

译文如择友，一旦选定对象，必然待之以诚，译之以勤。郝运一书译毕，在另选一书时，又是小心翼翼，全力以赴，这是一个始终不渝、严谨认真、敬业尽责的优秀翻译家的人品所在。他是爱惜笔墨、努力不懈的翻译家，凡是自己的译作，都是一改再改，精益求精，在漫长的翻译生涯中，一面译，一面思索，一面改进，一面再思索。他认为他翻译的均是法国文学大家的作品，译文即使不能与原文同样文采斐然，亦不应暗淡无光，黯然失色，更不能读起来诘屈聱牙，变成以瑕掩瑜的点点斑迹。

文学翻译是一项艰苦的工作，在探骊之前，必须在各方面做足准备工作，方可入水涉险。郝运曾说过，翻译动笔前，除了吃透原文、精研情节外，有两个步骤必须做好，即如何定调及如何掌握原著的神韵、氛围。俗话说，"不入虎穴，焉得虎子"。翻译也如此，不妨改成"不入深渊，焉可探骊"，与其临渊羡"珠"，不如投身其中，如此方能知水之冷暖深浅、己之虚实短长，至于"得珠"与否，那就要看译者本身的功力与机遇了。

有人说，文学翻译最根本的问题是情感移植问题，若用一句话来概括文学作品的定义，即文学是"情书"。这里所说的"情"是七情六欲的情，文学是含情的文字，没有情就没有文学，而情感正是文学最重要的标志。文学翻译最根本的任务就是译"情"，或者叫做"情感移植"，用文学语言讲就是"移情说"。这方面，在翻译中比比皆是，郝运先生举过例句，像傅雷先生翻译巴尔扎克《高老头》，其中在逃犯高冷被捕时有着惊心动魄的一幕，按句式可译为：

血冲到他的脸面上，他的眼睛，如同野猫的眼睛似的，炯炯发光。

他，以一种流露着那么样凶猛的精力的动势，跳跃起来，他凄惨地吼叫着，把那些住客吓得乱叫。那些暗探，一瞅见那种狮子般的动势，就乘着那场乱哄哄的骚乱中，掏出了手枪。

还有一种译法，把高冷、房客、暗探各种情势、形态反映出来：

全身的血涌上他的脸，眼睛就像野猫一般发亮。他使出一股狂野的力抖擞一下，大吼一声，把所有的房客吓得大叫。一看这狮子般的动作，暗探们借着众人叫喊的威势，一起掏出手枪。

这里的译法可借用一组反义词来概括，前者"无情"，后者"有情"，即译者将著者的情感灌注进去，对这惊心动魄的一幕，译者的情感亦融入其中，这场景、动作、形态翻译得情感不同，但都呈现出黑社会头目高冷、困兽犹斗的心理及心态。"无情"的译文着重语言本身的字句翻译与转换；"有情"的译文则侧重对原文所表达的情感与气氛的移植。当然，也不能说第一种译法是完全"无情"，文字全是干巴巴的，没有一点可取之处，只是说译文有点拖拉，减弱了原文的感情色彩，似乎没有很好地烘托出主要人物的性格特征以及他此时焦灼、愤怒、暴躁和拼命挣扎的心情。郝运对傅雷的翻译观非常赞同，运用这样的实例对比，有益于翻译业务的探讨和改进，因为翻译不但是字面的，更重要的是蕴藏着著者和译者的情感。

所有这些，根本目的是要满足读者的多层次需求。郝运说，每个人的阅读需要是多样的，就像饮食需要多样化一样，米饭、馒头、面条都要吃吃，阅读上也是如此。古典名著、严肃作品固然值得捧读，但通俗作品作为精神生活的调剂也未尝不可。他自己"现身说法"，说他长期翻译严肃作品，但有时也会执笔翻译侦探小说。他喜欢读西默农的侦探小说，不仅喜欢它的情节，还喜欢他紧凑精炼的文字，他有感而发：在翻译冗长繁琐长句的左拉作品后，能看上一篇西默农的作品，真感到轻松，也很快意。

《红与黑》大讨论

翻译，作为一种实践活动，在人类的文化交流中从不曾中断，但在历史中却很少得到世人的关注；丰富的翻译活动，一直被实践者认为是充满障碍的工作，但在相当长的历史时期内，却很少有学者对其进行深入而系统的研究，语言学家对翻译问题也不予重视，知识界对翻译的认识几乎是零。耐人寻味的是，对翻译的这种轻视态度不仅仅来自翻译界的外部，而且还来自翻译界的内部。翻译界内部的这种自我定位也在很大程度上影响了其他学科对翻译的看法，渐渐地也在有关的学界形成一种偏见：翻译为雕虫小技，不登大雅之堂。因此，翻译的作用得不到应有的承认，对翻译的理论研究不甚重视，得不到学界的关注和支持。郝运尽管自谦没有翻译理论，但他不反对翻译界需要有人有意识地做这方面的工作，这对我国翻译界至关重要。

翻译界弥足珍贵的实践活动与丰富经验，如一颗颗散落的珍珠，被历史所尘封，无法发出其耀眼的光芒。在历经翻译批评高潮期（20世纪50年代初期）、停滞期（20世纪50年代后期至"文革"）、恢复期（1978—1986）后，至多元发展期（1987—2010）这种状况得到改变，各种翻译理论纷纷登场，当代翻译理论呈现"美国翻译培训派""翻译科学派""早期翻译研究派""多元体系派""解构主义派"五大流派，中国翻译界掀起新的篇章。

收录"《红与黑》大讨论"的《文字·文学·文化》

值得一提的是，1995年《文汇读书周报》和南京大学西语系翻译研究中心发起组织了《红与黑》汉译读者意见征询活动。在这个活动中，译者与译者、译者与读者和研究者之间展开了广泛的对话，就名著复译、文学翻译的再创造、异国情调与归化、"忠实与再创造""风格的鉴识与再现""译者的追求与读者的期待"等种种涉及翻译，尤其是文学翻译的问题，进行了较为广泛和深入的讨论，在我国翻译界产生了广泛的影响。

《红与黑》在中国读者群产生影响，除了历史原因外，还在于它动人的悲剧性故事情节既轻松弥补了深奥的类似卢梭理论的空缺，又满足了跳越社会阶层之龙门的梦想。于连的致命性格弱点和天生我才无用武之地的处境，是社会不公的牺牲品，博得法国和中国读者的广泛同情，而且这种同情掺杂着复杂多样、各色不等的成分。司汤达大概生前没有想到，他的长篇小说《红与黑》，在中国竟然产生逾半个世纪的沉浮、四代人相继有十余种译本问世的奇迹。也许岁月是生冷的，但艺术是长青的，中国翻译家热衷于重译《红与黑》并非一致认为这部书属世界顶尖文学奇葩——尽管它也是名著，相反，恰恰反映中国翻译界在历经"文革"浩劫后的文学翻译反思、文学译风的重构、文化实践的再现。

方平先生指出，面对十余种《红与黑》的新旧译本，半个世纪以来四代翻译家的智慧和心血结晶，其内在的意义可以用许钧先生的一段话来说明：他们"对原作风格的不同认识和不同的处理方式也从一个侧面反映了各自的翻译观"。的确是这样，如果黎烈文的译本代表一种被原作拉过去的"欧化"的译法，许渊冲的译本代表南面而坐、让原作"归化"的译法，那么在这两个极端之间，诸位译家遵循着自己的翻译方法，追求着自己的翻译理想，各行其道，各显身手，各得其所。

这也许是艺术流派产生的必然过程，"纷争"促使文学翻译繁荣，"辩论"分清翻译是非直曲。这场讨论远远超越讨论的本身，其意义涉及文化交流的根本问题。

在这场讨论中，其中第一个热点话题是，如何贴近、逼真反映原著的风格。各位翻译家对司汤达风格都有一致评价："长于分析，文笔冷静，语言不多装饰，不追求美丽、造作的风格，可以说是斯丹达尔（亦译司汤达）文风的基本特征。"那么怎样来翻成原著者的风格特色，且举下例：

例 1：Placé comme sur un promontoire élevé, il pouvait juger, et dominait pour ainsi dire l'extrême pauvreté et l'aisance qu'il appelait encore richesse. Il était loin de juger sa position en philosophe, mais il eut assez de clairvoyance pour se sentir différent après ce petit voyage dans la montagne.

郝运译：

他好像是立在一个高高的岬角上，能够评价，也可以说是能够俯视极端的贫困，以及他仍旧称之为富有的小康生活。他当然不是像哲学家那样评价自己的处境，但是他有足够的洞察力，能够感到自己在这趟到山里去的小小旅行之后与以前有所不同了。

郭宏安译：

现在他仿佛站在一块高高的岬角上，能够判断，或者可以说，俯视极端的贫穷和他仍成为富裕的小康。他还远远不能以哲人的姿态评判他的处境，但是，他有足够的洞察力感到，这次山间小住之后，他跟以前不同了。

罗新璋译：

他仿佛站在高高的岬角上，浩魄雄襟，评断穷通，甚至凌驾于贫富之上；不过他的所谓富，实际上只是小康而已。虽然他远不具哲人的深刻，来鉴衡自己的处境，但头脑却很清晰，觉得经此短暂的山林之行，自己与以前已大不相同了。

总的来看，郝运和郭宏安的译风质朴，与原作风格接近；罗新璋先生的译文用词华丽，读来十分精彩，但对《红与黑》的文风超越得多了一些。不过，不难看出，罗新璋先生在句式上下了很大的功夫，一是没有拘泥于原文句法，句序多有变动，使译文看起来流畅；二是句子求短，句式求精，逻辑严谨，可谓煞费苦心。

从以上例子可看到众译家对《红与黑》风格不同的主观认识。另外，各译风的形成还关乎译者对于"度"的把握，是赋予自己更大的创作自由，还是实事求是地对待两种语言的差异，见仁见智，各有所长。

第二是如何处理忠实与流畅问题。原著的语言特色，如能"忠实"地传达，则求之不得，实际翻译过程中，其实是难以顾全的。然而，难以顾全与无需顾全，在思想认识上有着质的区别。郝运认为，如何把握原作风格，如何处理忠实与流畅的关系，实属见仁见智。他在给南京大学法语语言文学教授、翻译家许钧的信中说：

我从事法国文学译介工作时间不算短，但始终不敢好高骛远，只追求一个目标：把我读到的法文好故事按自己的理解尽可能不走样地讲给中国读者听。我至今仍认为做到这一点并不容易。有时候原作十分精彩，用中文表达却不流畅，恰似营养丰富的食品偏偏难以消化。逢到这种情况，我坚持请读者耐着性儿咀嚼再三，而决不擅自用粉皮代替海蜇皮。

话语十分朴素，但道理深刻。他的观点十分明确，坚持"不走样"，尽可能让读者读"原汁原味"的东西，哪怕一时难以消化，也不擅自"创造"。郝运的出发点也很明确，他不想"存心欺骗读者"。读郝运的译文，人们确实可以感受到他的这一良好愿望。他译的《红与黑》语言平实朴素，与司汤达的风格保持一致。

忠实与流畅问题涉及"文字翻译"和"文学翻译"——直译与意译、形似与神似的分别。许渊冲著文明确指出："文学翻译的最高标准是'化'还有所不足，还要发挥译语优势，如果我的说法不错，那我就要打破一条几乎是公认的规律：能直译就直译，不能直译时再意译。我的经验却是：文学作品的翻译，尤其是重译，能意译就意译，不能意译时再直译。"还是来比较《红与黑》的最后一段话，看看什么是"文字翻译"，什么是"文学翻译"：

德·瑞那夫人忠实于她的诺言，没有用任何方法自寻短见。但是在于连死后三天，她抱吻着她的儿子，离开了这个世界。

——罗玉君译

德·雷纳尔夫人忠于她的诺言。她丝毫没有企图自杀；但是在于连死后的三天，她拥吻着她的孩子们离开了人世。

——郝运译

德·莱纳夫人信守诺言。她丝毫没有企图自杀，然而，于连死后三天，她拥抱着孩子们去世了。

——郭宏安译

瑞那夫人信守诺言，没用任何方法自寻短见。但在于连死后三天，她搂着自己的孩子，离开了人间。

——罗新璋译

德·雷纳夫人忠于她的诺言，没有自寻短见，但在于连死后三天，她也吻着孩子，魂归离恨天了。

——许渊冲译

对比原文，这五种译文没有一种是"逐字逐句的直译，甚至硬译"，也没有一种百分之百的"意译"。五种译文除了对原文"mourut"一词的传达有所差别外，其余部分基本一致，"既忠实于原文的内容，又忠实于原文的形式"。有趣的是，原文的"mourir"一词，并没有强烈的蕴涵义，色彩基本为中性，译为"死"，会有头重脚轻之感，句子会失去平衡。正因为如此，几位译家分别以"离开了人世""离开了这个世界""去世""离开了人间"来加以传达，这不是译词，而是译意，不仅译意，而且还比较恰当地传达了原文的色彩。"魂归离恨天"，既译意，也译味，不过其味比原作要浓烈得多。看来，一部外国文学名著的翻译，只用直译不行，只用意译也不行，直译与意译不能截然分开，更不能随意，关键是把握好度的问题。所以单以直译与意译来区分翻译的高下，来区别"文字翻译"和"文学翻译"是不科学，也是行不通的。

第三是译作如何面对读者。翻译和写作，有同有异。有人认为异大于同，有人认为同大于异。但有一点是大家高度认同的，那就是无论是作者还是译者，都必须面对读者。不同的译者，会有不同的追求，但有一点是共同的，那就是任何译者，都希望自己的译作能被读者所接受。每一位译者，都有为读者服务的良好愿望。但是，读者到底需要怎样的译文？读者对翻译的接受心理如何？读者有着怎样的审美期待？也许很多译者都未仔细想过，或即使想过，限于种种条件，恐怕也未能进行过深入、客观的调查和研究。当时有些译者已写文章向读者说明自己的翻译原则和特点等，但郝运却纹丝不动，他的侄子郝陵生也劝过他，但被他拒绝了。后来经众人劝说，才写了一篇短文章表态，欢迎读者批评，仅此而已。

始料未及的是，这次《红与黑》的大讨论，不囿于翻译界，各行各业的读者都很关注，得到了社会各界的充分肯定。为了使译者的良好愿望和读者的审美期待有所沟通，南京大学西语系翻译研究中心和《文汇读书周报》组织了《红与黑》汉译读者意见征询活动，对国内十几个版本随机抽样调查，除西藏、台湾外，全国其他各省、市、自治区都有读者来信，共收到316份读者意见反馈。后许钧、袁筱一发表了"为了共同的事业——《红与黑》汉译读者意见综述"：据316份反馈意见的统计，读者比较喜欢的译文依次为郝运（27.9%），郭宏安（23.3%），罗新璋（19.25%），许渊冲（15.3%），罗玉君（14.3%）。五个译本各有千秋、各具特色，也说明新时期读者的审美习惯、阅读口味在变化，呈多元化、多样性。

这给人们启示：一个读者在他产生阅读外国文学作品的愿望、准备阅读的时候，对他想象的或心目中的外国文学作品就已经有了一个框框，有一种审美期待，希望欣赏到外国文学特有的韵味，领略到外国文学作品所蕴涵的异国情调（包括异域的文化、风情、习俗、审美习惯等），而对许多读者来说，这一切又是与外国文学作品的语言表达形式紧密相连的。

《红与黑》大讨论已过去了二十多年，如今旧话重提，希望这场大讨论，能对21世纪中国翻译研究乃至中国翻译学的学科建设，有所启迪和促进，郝运这样认为。

第九章

众望所归

> 我只是一个翻译匠，获"翻译文化终身成就奖"受之
> 有愧。
>
> ——郝运

最高奖赏是"读者喜欢"

郝运一直记着在昆明中法大学读书期间闻一多先生讲过的话，译者"不能太滥用自己的自由。译者应该格外小心，不要损伤了原著的意味"。他与他的译界至交好友如草婴、祝庆英、汝龙、吴钧陶等，赞同译作的"三美"（意美、形美、音美）境界，但须不违背原著者所处的时代背景、创作动因，站在他原有的思想风貌、艺术风格的基石上。他笑称翻译是"在译海里'潜泳'""在纸笔中'觅宝'"，贯通抑或填平汉语与法语之间的天然鸿沟，虽有遗珠之憾，但有求真之心，是翻译家的乐趣，唯有"慎几微""不自欺""贵有恒"，翻译才能"炼得真金"，文化创造精神有赖于文化精神创造者的品行。

郝运从20世纪40年代末开始翻译，在五六十年代，其译作在译界和读者中声名鹊起。改革开放后，郝运进入翻译的"黄金期"，他的译作不断问世，赢得更多读者的好评和敬重。"译书天下事，得失寸心知"，只有呕心沥血的译者才能深刻体验到。而"文革"后的不少读者从他的译作中感受到19世纪法国文学名家名著的魅力，"蹉跎莫嫌韶光老，人间唯有读书好"，不少文学青年从中汲取知识力量，扩大了文学视野，与所热爱的法国伟大作家而且早已作古的大作家，进行心灵对话、交流，寻觅、理解和醉心于大作家所创造出来的意境，读者们说，这真是一件最快乐、最高兴的事！对郝运而言，他说能得到读者的真诚喜欢，这是对译者最高的奖赏。

《红与黑》译作的大讨论，使郝运在译坛的知名度更高，在知识界，不少高级知识分子、大学教授、语言学家以及科技工作者将郝译本作为阅读法国文学作品的

蓝本；而普通读者对郝译本亦情有独钟，心有寄托，不少读者甚至几代读者对郝运的译作作出很高评价，他们认为："他的译文与原文结构比较贴近。正是那有点欧化的译文，才让人感受到异国风情和文化特色，阅读时有一种置身异邦、身临其境的感觉。""郝运的译文不自以为是、自我发挥，他用西方句子结构，略带'洋味'的语言，反映了西人的生活习性和思维习惯，如果随意'归化'成四字结构，势必会丧失一些有用的、让中国人可借鉴的信息。"天津残疾人活动中心的张涵给《文汇读书周报》编辑部写信说道："我喜欢与原文结构相贴近的译文，因为这也是读者的一种审美享受和体验。"上海外国语大学比较文学专业研究生李正山也这样说道："读者阅读译文时，更多地是期待从中获取原著中的思想文化内涵、语言风格特色、审美价值，时不时还会在脑海中跳出译者的影子。""作为一名读者，我倒宁愿读到与原文结构相近，略有欧化的译文，这样的译文在其思想情感的表达上并不输于纯粹汉化了的译文；其次，前者留下的意象更接近于原作所欲传递的那个意象。"正因为读者的需要，十余个译本中，郝运版《红与黑》，社会影响最大，最受推崇，几乎到 2010 年代依然畅销不衰。

年轻读者写给郝运的信

20 世纪八九十年代，郝运在翻译工作中常会接到许多读者来信，除了请教、问询外，更多的是对郝运所作出的翻译成就表示感谢、致敬。郝运尽量回复，尽量解答，但他与编者、读者不是拉帮的关系，而是平等互助的至交。不管认识与不认识的，郝运把看读者来信当作他翻译工作的重要一部分。他说，读者喜爱，是他在翻译工作中感到最愉快、最开心的事。

有一位读者如是写道：诚如意大利作家卡尔维诺所说，《帕尔马修道院》的戏剧中心就像是一出歌剧，而歌剧是热爱音乐的司汤达了解意大利的第一项媒介。这篇小说描写了一个催人泪下的爱情故事，是司汤达代表作之一，是他最后发表的一部作品，同时也是第一部真正获得成功的作品。书中对滑铁卢战争的描写，成为文学史上的有名篇章。即使今日我再翻开《帕尔马修道院》，就像我曾经在持不同品味与期待的不同时期重读这本书，它蕴含的音乐力量也会立刻将我攫住……所以我变成了《帕尔马修道院》的终生读者。

郝运与妻子童秀玉一起出席签名售书

110

《红与黑》的评论更多。

有位研究《红与黑》的年轻学者认为，主人公于连生活的年代是波旁王朝复辟时期，这是一个一切都由地位和财富决定的年代，因此社会地位低下的他决心出人头地，跻身上流社会；可以说，于连是19世纪法国资产阶级知识分子个人奋斗者的典型。然后他从书里贯穿其中、引人注目的爱情角度，对不同地点、不同人物的爱情展开分析。他指出，在分析于连的爱情历程之前，了解主人公的大致情况是至关重要的，"于连是一个矮小的年轻人，体质羸弱，相貌好看，一双黑眼睛，脸上留着热情的痕迹"。这个伏笔极其重要，对后来的一系列情节起到"神龙见首又见尾"的作用，特别是监狱里的"三角恋"，表现了于连是典型的圆形人物，具有典型环境中的典型性格，体现人的内心深处一半是天使、一半是魔鬼的特征，具有丰富多彩的生命内涵。而这个形象也有其真实性，代表了法国及全人类的特征，含有深刻的历史意蕴。于连选择了死亡，正是对于死的自主选择，充分体现了司汤达所塑造的这个叛逆性格的完整性。这位读者文后提出自己对《红与黑》的疑惑和看法：比如，为什么于连在狱中会牵动这么多妇人的心，他的自私行为和迷乱的情感关系，应该遭女人痛恨才合情合理，难道法国的伦理观与中国差别很大？等等。作为译者，郝运不可能全部"包打天下"，他只能从自己翻译的角度为读者提供文学作品所理解的参考系，为他们的想法和思路指出一个方向。

尽管这类事很繁琐，但郝运不厌其烦，总从有利于读者的角度出发，他说，这是读者对我译作的厚爱，是给我的最高奖赏。

跨入新世纪，读者的阅读兴趣发生根本变化，当代年轻人会不会依然对外国文学经典"情有独钟"？笔者有过怀疑，但有几个事实改变了笔者所抱有的某些偏见，由此认定：作为人类美好的文化遗产，世界文学经典永远不会过时、永远拥有读者。

2016年上海书展，年轻读者翻阅郝运译作《红与黑》

我们可举几例。2016年8月17日至8月23日，"'我爱读书，我爱生活'第十三届上海书展暨'书香中国'上海周"期间，笔者在书展里徜徉、觅宝、购书，郝运打电话给我，说有位来自泉州公安系统的"80后"黄龙昆读者专程来沪参加书展，并到他家来看望他。笔者连忙赶过去，得悉他已经离开郝家，于是我们通了电话，后来我们之间有了电子邮件通信：

> 我经常在想，没有一部伟大作品在文学的脉络上是孤立的，它要么继承或者瓦解了以前的经典，要么启示或者指引了后来的继承者，只要人类不丧失对美的渴望和追求，经典作品就永远存在或多或少的读者群，它们的特殊价值会毫不间断吸引不同读者去亲近这些作品，去接近它们的作者和译者，这是一件十分美好的事。同样美好的是，8月18日上午，我去茅台路拜访二老，了解他们现在的生活起居和身体状况，聊了一些陈年往事，郝夫人坐在窗边的扶椅上，92岁高龄依然思维敏捷，双目炯炯有神，阳光透过窗纱洒在她梳理整齐的头发上，像一幅画。

我们保持着通信联系，他千方百计为笔者写作郝运传记搜集资料、提供参考：

　　郝运先生的资料我手上不多，我所见过的在市场上流通过的他的信件也很少，而且并无特别内容。2011 年 4 月 27 日，郝先生写给我的这封信里罗列了他自己认为成熟的译本，窃以为是比较重要的一封信札，现捡出扫描，请见附件。信中说的九个译本我都有，可惜并不全是初版本。有时候我在想，读者应该感谢郝先生译出这些成熟的、让人惹不起又躲不起的经典作品，一笑！

读到这些信件，笔者内心很不平静，其尊重郝运之情溢于言表，十分了不起，表达了一代代年轻人对世界文学奇葩——《红与黑》等法国文学名著的挚爱。

还有一位是四川外国语大学外语教学部英语教师、"70 后"的一熙读者，他写给郝运的文字，含蓄深远、耐人寻味：

　　记得年少时，能找来读的文学作品不多，一本《红与黑》足以让人在感慨之余兴奋好多天，现在信息来源多了，却再也静不下心来享受阅读带来的单纯的快乐了，这也许就是科技发达时代的弊端吧。

　　感谢您译出的文字，让我的童年时代变得丰富多彩，那时还不太了解翻译家的工作是怎么样的，只是觉得很神秘。等到自己也走上这条路，才慢慢发现译事之难，随着字数的增加，愈发觉得词穷，原来这活计，远不是普通人想象中单纯的双语转换，而是一份苦差事呀！

　　没有办法，只有老老实实补课，作为"70 后"的一员，向您这样的"80 后"学习。趁着暑假，重温了包括《企鹅岛》等书，受益良多。而且，和现在新出版的书相比，老的版本更有书香的味道……时至今日，译者的作用还是"隐形（invisible）"的，但我坚信，每一部伟大的译作背后，都有不为人知的、或辛酸或喜悦的故事，虽然今人忙于物质成功的追求，但精神层面的东西终将回归。

在获悉郝运荣获 2015 年"翻译文化终身成就奖"时，他专门写信祝贺，并赋诗一首：

　　卷纸译书数十篇，洋文口手似流泉。
　　中法文化真交汇，百年时尚万代传。

有位做销售的"80后"读者与郝运素不相识，他爱好文学，并偏爱郝运的译作，曾于 2014 年写信给郝运求购书籍，郝运满足了年轻人的心愿。后他从网上查悉郝运获得"翻译文化终身成就奖"，因此专门来信感谢郝运在 2014 年为他题词签名，并邮赠予他《莫泊桑中短篇小说选（上册）》及《红与黑》（精装版），他说一定好好研读，从中领悟到对人生有用的东西。

还有许多读者来信不能——列举，从中看出读者对郝运及其译作的敬仰和爱戴，也可以看出好的译作成为中国读者精神生活的一部分。

游历加、美，心生遗憾

1995 年 7 月，郝运和童秀玉夫妇俩应在加拿大定居的长子郝珉和长媳朱维佳的邀请，到汉密尔顿市与他们及长孙团聚。这大概也是他翻译生涯中的唯一一次出国。

说起来，郝运一向以翻译事业为重，他说："对翻译工作我确实到了执着近痴的地步，而且事实上确实是书不离手，不过如果要我对自己作个评价的话，我只能说我是个翻译匠，而不能说是翻译家，因为我没有系统地研究翻译理论，我只是按我对原著的理解，兢兢业业、尽心尽力去译，几十年来译书也就是抱这个态度。"而当时的背景是，随着对外开放，我国的"出国潮"在 20 世纪 80 年代中期一波一波兴起，先是"洋插队"的学生、工矿企业、机关事业的在职人员，后扩展到各行各业，包括赚了钱的企业家等等，而对从事外语翻译的编辑、教师、商贸、工程、科技、外事等人员，多数是"公派"即"公费"，由于体制原因，郝运是没有编制、工资、职称的"三无人员"，自然被"挤"在外面，但对郝运来说，他根本不在乎，他在意的是如何翻译好法国名家大师的作品，这是他的"心痴"但不妄想，是他的"心痛"但很快乐。

人家是"六十岁学吹打"，他是六十岁要更加孜孜不倦、安安静静地沉潜文学之海、隐身汉译之林，他认为这就是莫大的幸事和快乐。草婴说过："我这一辈子就只想做好一件事：文学翻译。我对自己的选择无怨无悔。"郝运认为这番话也说出了他的心里话。

著名翻译家杨宪益曾经指出，对于中国知识分子的评价，有时并不以他们的学术和艺术成就而定，却以他们的政治、社会地位而定。同样在某些待遇上，并非以真正的工作需要为前提，却以某"长"某"职"的身份而"近水楼台先得月"。这样的现象确实存在，如今有所扭转，郝运并不计较这些，觉得能翻译书、翻出好书，他甘愿坐冷板凳。他心里很明白：翻译是艰难的，成功是辉煌的，但通往成功的路并非平坦大道，注定孤独，任何人的成功都是这样，而翻译家更要耐得住寂寞。

到了"古稀之年"，因长期伏案工作，他的腰椎、颈椎都出了问题，所以老伴与长子劝他到国外走走，也是放松身心，为后面的译书工程松弛脑力。郝运接受了这个建议。他想，世界各国文化、历史在时间隧道里穿行。它们舒展着巨大的羽翼，在遥远的未来会将历史之谜重新开启，那些祖先的传奇，那些祖辈的故事，他们在灾患面前的勇气，他们苦度长夜的智慧和坚韧，是我们在这个喧嚣世界永不迷失的识路密匙。世界很精彩，世界很复杂，从事翻译需要拓宽眼界。

近一年的时间里，郝运和妻子童秀玉游历了加拿大的许多城镇，如多伦多、魁北克、蒙特利尔和渥太华。

郝运夫妇在加拿大多伦多探望儿子期间留影

在游历这四座城市时，郝运带着自己的译作，去各图书馆查阅其他译本，确实长了不少见识。其中他得知在加拿大除了英语外，有不少地区也讲法语。多伦多是加拿大最大的城市、安大略省的省会，坐落在安大略湖西北岸的南安大略地区，也是全球最多元化的都市之一，49％的居民是来自全球各国共 100 多个民族的移民，140 多种语言汇集在这座北美大都市，其治安上佳，环境怡人。魁北克市则位于加拿大魁北克省，是 1608 年由桑普兰建立的新法兰西首府，同时也是一个要塞和具有重要意义的港口。悬崖峭壁将该城划为上城和下城两部分：上城是宗教活动区和行政管理区，四周有城墙环绕，集中了许多豪华宅第和宗教建筑；下城则为港口和古老的居民区。上下两城由一条空中缆车连接。在这里，河面收缩到不足一千米宽，形势险要，犹如一头雄狮，扼守着这条水路的咽喉要道。蒙特利尔（法语：

郝运夫妇访问加拿大期间参观博物馆

Montréal），来源于中古法语"Mont Royal"，意思为"皇家山"，至今蒙特利尔城中心的地标皇家山仍以此命名。主要位于圣劳伦斯河中的蒙特利尔岛及周边小岛上，人口逾 400 万，法语使用人口占城市总人口的 70.5％，使得蒙特利尔成为世界上仅次于巴黎的第二大法语城市。渥太华是加拿大的首都，1826 年 9 月 26 日以"拜顿"之名建立，为爱尔兰和法国的基督教乡镇，1850 年元旦合并为一个城镇，并于

郝运在国外访问游览

1855 年元旦以"渥太华"之名合并取代，现在已成为一个具有多元文化、高水准生活水平、低失业率的大城市……这些，都给郝运的游历增添不少乐趣，也为他的翻译工作提供不少实际参考。

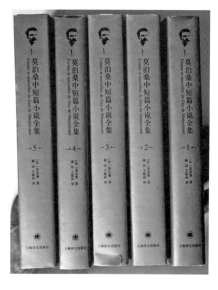

5 卷本《莫泊桑中短篇小说全集》，
郝运、王振孙译，上海译文出版社出版

另外，他们还游历了美国的一些大城市，如纽约、华盛顿、费城和匹兹堡，这对郝运来说，其实是读"书外之书"，对天文、地理、植物、动物、建筑、宗教等，有了更直观的理解。比如建筑学，古希腊人把建筑师称为"architecton"，意思是"始创者"，在他们心目中，一切造型艺术，如雕塑、绘画等，都以建筑为本——建筑是艺术与美学之源；建筑产生于人类征服自然的斗争中，随着社会的发展，政治、宗教信仰、科学文化、文学艺术等因素不断赋予建筑新的内容和形式，要全面了解西方文明、历史，对它的建筑艺术是不可不知的。

虽是"走马看花"，但对郝运的翻译工作，很有帮助，帮助他准确理解外语的词义和文化内涵。诚如我国宋代文学家、诗人陆游说的"汝果欲学诗，功夫在诗外"，"纸上得来终觉浅，绝知此事要躬行"。活到老，学到老，郝运信奉这条人生准则。

在加拿大游历期间，郝运得知上海市人民政府有吸收他为上海市文史研究馆馆员的消息。有人开玩笑说，郝运要加入"当代翰林院"了。再深想一层，郝运认为这是党和政府给予自己翻译事业的莫大关怀和爱护，加上他还有许多译作需要在国内完成，有些与同事、好友合作的译作堪称"翻译的文化工程"，于是，他与妻子

郝运夫妇在美国过圣诞节

2010 年代，时任上海市副市长赵雯（左一）在上海市文史研究馆春节联欢会上向馆员郝运及妻子童秀玉表示祝贺

商量，决定放弃在加拿大定居的打算，遂于 1996 年 4 月返回上海。

　　1996 年 6 月，当郝运从上海市副市长谢丽娟手上接到由徐匡迪市长签署的文史研究馆馆员聘书时，心潮起伏，思绪万千，决心在有生之年、身体条件允许之下，继续译更多好的法国文学作品，来报答党和政府的知遇之恩。与他一起新聘的馆员还有著名翻译家草婴、叶群、侯浚吉、荣如德、蔡慧、陈良廷，以及著名中医裘沛然，著名书画家乔木、邵洛羊、林曦明，著名电影表演艺术家孙道临、秦怡等，真是"群贤毕至"，大家的共同心愿是要为中华文化光大、中外文化交流尽一分责、出一分力。

新世纪来临之际——2000年和2002年，郝运先后翻译出版了法国作家都德的《都德小说选》和《磨坊书简》，意味着他从晚年"耳顺之年""古稀之年"直至"耄耋之年"的二十余年中，没有停止过翻译，这两部书凝聚着他十几年的心血。行将八旬时，他的心愿是把法国作家莫泊桑的中短篇小说全部翻译出来。前面已经提到，法国作家莫泊桑和俄罗斯作家契诃夫都有"短篇小说之王"的美誉，莫泊桑于1879年写出著名中篇小说《羊脂球》后，一大批中短篇小说如喷泉一般涌出，十年间，共创作了303篇中、短篇小说，几乎每年都有数量可观的精彩之作问世，尽管他仅活了43岁，但他在法国文学史上短篇小说创作数量最大、成就最高。要完成这样的"翻译工程"非常人所能。

郝运不愧译坛老将，一旦下了决心，便有"不到长城非好汉"的精神。于是，他与上海译文出版社原法文编辑室主任王振孙合作，数年一心扑在《莫泊桑中短篇小说全集》翻译上，终于在2006年他81岁时全部完成，由上海译文出版社出版，了却了郝运的一个心愿。

2002年初，郝运获得了由上海翻译家协会颁发的"中国资深翻译家"的荣誉称号，这是译界对他翻译成就的肯定，是读者对他翻译业绩的评价。

当有人向他问道"如何翻译这套全集"时，他淡淡地回答："三有"——有理、有据、有责任心。正如康德所说，"要有勇气运用自己的理智"，讲良知、不取巧，是为有理；"有几分证据说几分话"，注意用词来源，不妄加揣测，是为有据；自由与责任一体两面，对自己的翻译负责，是为责任心。他说，唯有如此，既是敬仰莫泊桑的体现，也是对读者的一种尊重。

笔者针对郝运谦称自己是"翻译匠"曾对他说："您是翻译家，绝不是翻译匠，其实您有思想、有见地，因为在'打压'知识分子的年代，加上成分不好——好在成分不好，您沉默是金，或者不多话，避免了吃'苦头'，是不幸中之幸——使您的才华不能发挥，即便这样，您用中国知识分子的良知，在译界作出了自己的贡献，尤其到了晚年，您为中法文化交流倾尽全力，很了不起！"郝运却避开话题，说出了他的另一个心愿："我译了一辈子法国文学作品，至今未能踏上一步法国土地，这确实是我感到无比遗憾的事。如果能去的话，我不仅要游遍巴黎的名胜古迹，还要争取访问莫泊桑、都德、司汤达——这些我译过作品的作家的故乡和故居。可是随着年龄的增长，随着身体病痛的增加，我知道这已经成了我办不到的事，但是我并不感到痛苦，因为还能不顾病痛和年迈，继续把我想译的书译下去，最后还在老朋友王振孙的合作下，把莫泊桑的中、短篇小说全集译完，我心里已经感到万分满意。"在他与王振孙等人合作翻译《莫泊桑中短篇小说全集》期间，他已患高血压、腰间盘突出症、脑萎缩病症，这与他长期伏案工作有关，"不能游历法国"也成了他终生的遗憾。

对名"隐身" 对利"躲身"

光阴如梭。十年弹指一挥间，时针指向 2015 年。

四月春光，柳绿草长。一个好消息从北京传来：郝运获"翻译文化终身成就奖"。《光明日报》在 4 月 21 日作了这样的报道：

> 何兆武、梁良兴和郝运三位在西方思想文化经典翻译、中国文化对外传播翻译和法国经典文学翻译方面作出突出贡献的翻译家，20 日在京接受了中国翻译协会颁发的"翻译文化终身成就奖"。中宣部副部长、国务院新闻办公室主任蒋建国，中国翻译协会会长李肇星为三位获奖者颁奖。

> 此次获奖的何兆武在 20 世纪五六十年代，分别自英文、法文及德文翻译完成了罗素的《西方哲学史》（合译）、卢梭的《社会契约论》、帕斯卡尔的《思想录》以及康德的《历史理性批判文集》等大量西方思想文化史经典著作。后来由其领衔翻译的柏克的《法国革命论》、李约瑟的《中国科技史》（第一卷）等若干译作，均在不同领域产生重要影响。

> 梁良兴多次参加党和国家重大会议文件的翻译，汉译英逾两百万字，主要译著有：传记文学《中国第一个世界纪录创造者陈镜开》《中国手册丛书·中国地理》《中国一瞥》等；审定英译图书数千万字，主要有《西藏密宗艺术》《香港历史概要》《新中国大百科全书》、1980 年至 2004 年出版的《中国》及 1990 年至 2004 年国务院新闻办发表的数十本政府白皮书等，并为《中国的社会科学》等英文期刊翻译大量论文和文章。退休后的梁良兴依然执着于对外传播翻译事业，为国家重点对外出版工程及出版社审读英译《尚书》《山海经》《商君书》《醒世恒言》《改革开放 30 年 30 件事》等多种外宣图书。

> 郝运从 20 世纪 50 年代起翻译出版了大量法国著名长篇和中短篇小说，在外国文学翻译事业上作出了巨大贡献。主要译著有《巴马修道院》《红与黑》《企鹅岛》《黑郁金香》《磨坊书简》《都德小说选》等，与他人合译作品有《法朗士小说选》《三个火枪手》《玛戈王后》《莫泊桑中短篇

小说全集》《左拉中短篇小说选》《布拉热洛纳子爵》等。

......

《布拉热洛纳子爵》，〔法〕大仲马著，
郝运、谭玉培等译，上海译文出版社出版

颁奖仪式于 2015 年 4 月 20 日在北京举行，但郝运因身体状况未能出席。

郝运谦虚谨慎、不喜张扬，对名"隐身"，对利"躲身"，他知道进退取舍之道：人生中出现的一切，都无法拥有，只能经历。他看到报道后心情很平静，并没有因获此大奖自我陶醉，只是很实实在在地说了句"我很普通"。

郝运的话，让人想起另一位业已过世的著名翻译家杨宪益，他一生的最大成就也是翻译，虽然他译作等身，但他并不愿意把名利看得过重，晚年他接受采访时还如此说道："翻译没有什么，翻译就跟做木匠一样。"

这是真正翻译家的真情实言，并没有把自己放到特殊的位置。在郝运看来，翻译与匠人确没有多少差异，都有独具匠心的思辨眼光、艺术技能，熟能生巧，巧中生智。他认为，人生的路，靠的就是自己一步步去走，不要去羡慕别人所拥有的幸福。你以为你没有的，可能在来的路上；你以为你拥有的，可能在去的途中。懂得进退取舍，方能成就人生，我们的一生不长，今天的辛酸经历，就是明天最美好的回忆，今天的努力将成为明天更多的收获。这些人生哲理，郝运似乎不会去多说，他只想用自己的翻译实践、翻译活动来证实这些客观的存在。

"翻译文化终身成就奖"由中国翻译协会 2006 年设立，授予在翻译与对外文化传播和文化交流方面作出杰出贡献、成就卓著、影响广泛、德高望重的翻译家，是中国翻译协会设立的表彰翻译家个人的最高荣誉奖项。

2010 年 12 月，中国翻译协会在京举行仪式，授予沙博理、许渊冲、草婴、屠岸、李士俊等五位著名老翻译家"翻译文化终身成就奖"。此前，该奖曾授予季羡林（2006年9月26日）和杨宪益（2009年9月17日）两位译界泰斗。2012年12月6日，中国外文局和中国翻译协会在北京举办的"全国翻译工作座谈会暨中国翻译协会成立30周年纪念大会"上，我国著名翻译家和中外文化交流学者唐笙、潘汉典、文洁若、任溶溶被中国翻译协会授予"翻译文化终身成就奖"荣誉称号。应该说，获得此奖是翻译界国家级最高荣誉，郝运用他的翻译实力、佳作、译品、译风赢得这项荣誉，当之无愧。

2015年5月7日上午，中国译协常务副会长兼秘书长、中国外文局副局长王刚毅一行专程来到上海，向由于身体原因不能亲自到会领奖的郝运先生颁发了"翻译文化终身成就奖"。

王刚毅代表中国译协从京专程
到沪上郝运家颁奖

在郝运先生家中，王刚毅宣读了中国翻译协会的表彰决定并授予奖牌，代表中国译协向郝运先生表示了崇高的敬意和诚挚的祝贺。时任上海市文联党组书记、专

获"翻译文化终身成就奖"后，郝运夫妇
将合影做了镜框放在床头

职副主席宋妍，上海市文联专职副主席沈文忠，上海市文联副主席、上海翻译家协会会长谭晶华，中国译协副秘书长、秘书处处长杨平等领导也专程到场祝贺。

郝运家中客厅墙上悬挂的"翻译文化终身成就奖"

90岁高龄的郝运对无法亲自赴京领奖表示歉意，他感谢中国译协授予他"翻译文化终身成就奖"这个荣誉，感谢上海市文联和翻译家协会等各级领导多年来对他的关心。对于拿奖，郝运十分谦虚，他说："我很普通，只是一个翻译匠，没有系统地研究过翻译理论，像什么借鉴和创新问题，我说不出个道道来。"

2016年8月4日，上海市文联党组成员、专职副主席沈文忠等人专程前往郝运家中，为他送上由中共上海市委宣传部、上海市重大文艺创作领导小组办公室颁发的2015年度"上海文艺家荣誉奖"奖状、奖金和鲜花。

从事翻译工作70年来，郝运始终追求一个目标："把我读到的法文好故事，按自己的理解，尽可能不走样地讲给中国读者听。我至今认为做到这一点不容易。"

郝运（右一）、童秀玉（左一）
夫妇参加草婴（右二）生日聚会

《解放日报》在报道此事时，记者用"不走样"表达郝运的翻译观，这或许也是郝运的"获奖感言"吧！只是记者没有注意到的是，他的话语中略带伤感，因为获得此项翻译界国家级最高荣誉者上海仅有三位：草婴、任溶溶、郝运，而草婴——他的挚友身体病况已经很差，他惦念着比他大两岁的翻译兄长。也就在 2015 年 10 月 24 日，我国著名翻译家草婴逝世，郝运内心十分悲伤。

第十章

晚霞映天

当今中国要衔接好文学翻译，有传统亦有创新。

——郝运

为了翻译要有健康

有人说，想成为一个有成就的翻译家，须有几个条件：一是才能，二是毅力，三是机遇，四是时间。回顾郝运的翻译生涯，这四项条件似乎都符合了。这里，笔者对时间的理解，就是译作经得起时间考验，所谓"书比人寿"，优秀的译文佳作如同名著一样，需要经得起历史检验与时间考验，让当代乃至后代读者喜欢，翻译的意义就在于此。

尽管郝运长期被病魔折磨，甚至腰椎疼痛得连路都不能走，但为了却完成《莫泊桑中短篇小说全集》翻译的心愿，他抱有"春蚕到死丝方尽，蜡炬成灰泪始干"的念头——非干成不可！此刻，也许人们以为他在跟命运搏斗，其实他是在践行"朝闻道，夕死可矣"的精神追求。他认为，人生就是要追求更多的知识和更大的力量，为了完成自己的最后心愿，即使危及生命也在所不惜。不过他补上一句，能在暮年完成这项工作，是一件快乐而高兴的事，"无所谓了，只要能够工作"！

郝运一直认为，法国经典作品可以重译。在没有编辑约稿的情况下，也可重译那些以前没有时间翻译的经典。郝运选择的标准取决于他的研究和个人爱好。特别当年纪大了，时间非常宝贵，所以选择译什么尤显重要。

郝运晚年很关注莫泊桑，很多研究者认为莫泊桑是现实主义作家，其实在法国评论界，早已把他看作是兼有浪漫主义、自然主义因素的作家。郝运说，莫泊桑的小说题材广泛，内容丰富，展现了形形色色的社会生活，如战争的溃败、上流社会的喜庆游乐、资产者沙龙聚会、官僚机构的例行公事、小资产阶级家庭的日常生活、外省小镇上的情景、农民的劳动与生活、宗教仪式和典礼，等等，堪称 19 世纪法国后期"社会教科书"。翻译这样的书，是对那段历史的观察与延续。

他长期与病魔斗争，坚持写作，对自己的晚年健康保养颇有心得。

20世纪80年代以来，他的运气不错，或许与"郝运"这个笔名有关。可从个人命运的角度来说，他算不得有好的运气：自幼体弱多病，又生活在一个曲折动荡的时代。后来重译出版了《红与黑》，印数与发行达几百万本，人家都以为他因此发达了，实际上他却只是拿到了少得不值一提的稿费，有时甚至没有稿费，只得两本书。但郝运没有斤斤计较，他把名利看得很淡，他常说："我的运气还是很好的，我翻译了那么多书，还能够出版，这是很幸运的事情。"

到了晚年，他把莫泊桑的中短篇小说翻译齐全、结集出版作为第一目标，所以像老黄牛那样默默耕作，对养生保健并不在乎。有一次，郝运到医院去检查身体，医生说他大脑和小脑萎缩了，他不客气地对医生说："那怎么行，我还要工作呢。"此话让医生大吃一惊。

他还专门写过一篇谈翻译与健康的文章：

> 我这个人自幼就体弱多病，没想到居然活到了87岁，90岁将在眼前，不可不谓是高寿了。报刊上说，看似体弱多病的人，往往长寿。人吃五谷杂粮，难免有个病痛。疾病虽然是影响健康和长寿的重要因素，但生病也能提高人体抵抗疾病的免疫力。就以感冒为例，据调查，一年一次感冒都不患的健康人，生癌症的机会比经常患感冒的人高六倍。还有媒体曾经报道说，老年人血压高不一定有害，它可能是长寿的信号。有一位著名老年医学专家曾对100例90岁以上的老人进行过9年的追踪观察，结论是：高血压，特别是轻型纯收缩高血压，不增加老人的死亡危险，不影响长寿。有意思的是，该报告特别提到，上述100位老人在9年间共有8位进入100岁行列，其中7例为高血压病人，仅一例为血压正常者。
>
> 以上两个媒体报道，我们虽然不能不相信，但是不能因此而把疾病看作小事一桩，我们还是要抱以积极预防、积极治疗的态度。我身上就有两种病：一是高血压，一是腰间盘突出症，就是过去拿它们不当回事，给我带来了折磨。高血压发现于"文革"开始时，那时我刚四十出头，一方面血压不是很高，也没什么不适感觉，另一方面在"斗来斗去"的乱哄哄的生活中，妻子要支内，大儿子要插队，根本没有心思去看医生，因此造成血管硬化，脑缺血缺氧，到后来"文革"结束了，虽然按时吃药，但也无济于事，脑萎缩已经形成，时常感到头晕头疼。腰间盘突出症也是和我的翻译工作有关。"四人帮"打倒后，又能翻译了，我要找回失去的时间，于是整天伏案工作，腰痛的毛病日益加重，但是我坚持工作，直到我与好

友王振孙合作译完莫泊桑全部中短篇小说才搁笔……

"四人帮"打倒后，我们的国家变得繁荣富强，老百姓的生活一天比一天好，我也希望能够多活上几年，好好享受这美好的生活。怎样才能健康长寿生活下去呢？健康长寿不靠天，不靠地，全靠自己，全靠自我保健。1992年老年卫生组织提出了"健康四大基石"：合理膳食，适当运动，戒烟限酒和心理平衡。

就我来说，烟早已在中年时代戒掉，酒呢，我基本上可以说是滴酒不沾，除非遇到朋友聚会才会偶尔喝上几口葡萄酒。至于心理平衡，我不求名利，对生活已经满足，希望能做到"心胸开阔，知足常乐"。

剩下的两大基石：合理膳食和适当运动，是我养生保健中必须日日做到的两个方面：

合理膳食，我已经能够做到的是多吃蔬菜水果，少加油盐，少吃甜品，经常吃适量的鱼、禽和瘦肉。今年体检，血指标全部正常。至于牛奶，我因为吃了过敏，每天吃两杯酸奶，而且是低脂、无蔗糖的。

适当运动，生命靠运动，适量才科学。我已经是87岁的老人，步行是我的首选。据说，步行坚持一年以上，动脉硬化可以变软化，对血压、胆固醇、体重都很好。过量运动有时会造成猝死，很危险，步行最合适。因此我是做到每天步行两次，至少一次，每次半小时到一小时。

我做的第二种运动是自我按摩。我每天早晨醒来，做的第一件事就是平卧在床上，从头按摩到脚，揉脸，揉耳，擦颈，拍胸，摩腹，到击脚，起来以后白天有空我再补充一些活动，如用健身棰捶背，捶腿上的足三里穴、委中穴和脚心的涌泉穴；用十指梳头以后，再用十指做成梅花桩敲百会穴。

我相信只要坚持下去，坚持健康的生活方式，我也一定能更长寿，翻译更多作品。

这篇文章既是郝运为翻译而保持健康的心得，也是为文字工作者提个醒，要做好工作，健康是重要前提。

译界多长寿者的现象并非偶然，他们长期从事脑力劳动，健脑健心，达到了"物我两忘，尘虑尽消"的境界。他们乐观豁达、淡泊名利，坚守了长寿的根本。他们多才多艺、娱情怡性，使晚年生活充满了乐趣。这些睿智的老人，是银发世界中一道永远不老的景色。

时今郝运自感身体一天不如一天，比如坐着坐着突然瞌睡了；再比如，有些事

上海市文史研究馆领导与郝运夫妇会面

上海市文史研究馆为郝运九十诞辰庆贺

情明明想好，要说时却一点想不起来；又比如，起夜时突然跌倒爬不起来，急得老伴呼喊同住一起的小儿子来帮扶。对这些，郝运说，就随它便吧，他有点开玩笑道："我的骨头还算硬，蛮争气的，每次没把骨头跌断，已是上上大吉了！"

2018 年元旦过后，郝运终于住进上海仁济医院西院，开始他很不习惯，医生们忙着给他做各项检查，说实话，此时他像个"老孩子"，显得很听话，但有时脾气很犟，对好言规劝都不搭理。身体体征在老化，大脑萎缩症让他面临诸多不便，好在经医生积极治疗、有效调整，加上悉心护理，郝运的身体有所好转，虽记性变差，但思维基本清楚……祈求老人能渐渐康复，祝福老人延年益寿！

对翻译界现状的喜忧

从"文革"到"改革"，上海翻译界发生翻天覆地的巨变，其业绩、成果为各界人士有目共睹。其中老一代的翻译家起到承上启下、守正纳新的中流砥柱作用，他们历经战争与革命的大时代，又穿越"反右"和"文革"等严酷政治运动的惊涛骇浪，最终练就了自己的翻译品格。在稍后到来的那个改革开放继往开来的20世纪80年代，他们上承前一代译家的学术命脉，下开怀揣"走向世界"梦想的一代新人之荆棘路，他们的坚守、开拓，他们的质朴、无华，将使后人铭记在心，永志不忘。

时代掀起新的一页，长江后浪推前浪，翻译界新人不断冒出，其才华、译作令人瞩目、赞叹，郝运感叹道："现在年轻人的翻译环境、条件比我们那时不知要好多少倍，他们的成果、他们的作为可喜可贺，证实我国走改革开放之路是走对了，他们的路走顺是翻译界的幸事，老一代总归要谢幕译坛，译苑总要绽放新蕾、盛开繁花。"

如今的"学外语热"现象不为鲜见，这是好事，可为何学外语、如何学外语、怎样学外语，很多人未必清楚。尤其对立志做翻译的年轻人而言，在没有想明白之前，一旦学外语遇到困境、障碍，便会退缩，或者在翻译文学作品中尝到苦头，也会畏惧。郝运非常认同翻译家草婴的名言：作为一个翻译家，一是要耐得住寂寞。一个人关在屋子里，几本外语书、几本词典、几张稿纸、一支笔，在这样的环境里，不是过一天两天，不是一个星期两个星期，而是终生。他还说，一个人的一生其实并不长，所谓"人生苦短"讲的就是这个意思，能集中你所有的精力在你的一生中做好一件有意义的工作，那就算不错了。如果目迷五色，心分四处，你很可能一事无成。所以，文艺评论家、作家王西彦评价草婴在翻译时有"一种忘我的虔诚态度和傻子精神"。年轻人有这个思想准备相当重要，否则也不要吃翻译这口饭了。

然而从时代环境变化、生活理念变迁角度而言，"学外语热"中出现"翻译危机"是值得人们深思的。应该看到，我们的经济建设发展迅猛，但文化建设和传承相对滞后，使我们身处一个浮躁、浮华的时代，甚至出现"少钱的急着想发财，没权的争着要做官，无名的忙着要成名"，而踏实做事、不尚虚浮、谦和礼让反倒成了无用的象征这类不正常的社会现象。随着改革开放的深入，中国与世界的交往越来越广泛，语言交流愈加频繁，可喜可贺，但有一种社会倾向值得关注，有些年轻人认为学好外语便有了"一块敲门砖"，把它当做"一把金钥匙"，可以帮他们打开出国大门，便于拿到绿卡，若以这样的心态来学习外语，岂不令人担忧？

对翻译的担忧还在于当今译界没有受到足够重视，尚未实现健康、协调的发展。翻译是精神产品，它不同于物质产品，不能只追求数量。翻译的数量再多，而无质量，只能贻笑大方、误人子弟，不仅不需要，可能是文化垃圾，既是社会资源的浪费，也是翻译人才的滥用。从事翻译不是为了赚钱（当然必要的经济效益应该有，但以社会效益为首要），是"洋为中用"，为实现中外文化沟通，而不是"什么赚钱就译什么"那种唯利是图的翻译。郝运赞同季羡林的观点，靠数量的膨胀而形成的"翻译"是不值得追求的。从文学翻译方面讲，虽不能说质量全面下降，但粗制滥造低劣之作，译本错译漏译乱译现象相当多，原因复杂、多样，但归结于译者的基本功不扎实、翻译批评的缺乏、出版社疏于把关等等。因此需要强调两点：一是译者的知识面要广。现在的年轻人学外文条件比过去好，他们理解外文的能力并不差，相对不足之处是知识面不广、中文底子薄弱，以至于不注意或不善于根据不同的翻译对象来设计和调整自己的译笔，出版单位放松甚至放弃对译文质量把关，又缺少必要的翻译质量检查制度。二是翻译标准，严复提的"信、雅、达"三者缺一不可。"坏"译本与"好"译本的区别关键在于"信"，要忠实于原文，然后才能谈"雅"和"达"。当前有一些非常流行的译本，译文非常流利畅达，极"中国化"，但"信"不"信"，没有对原文，未敢评说。对文学翻译来说，涉及对作者、作品、背景、风格等的不同理解，允许有不同的诠释和不同的表达，但绝不是说译者可以随心所欲。从事文学翻译犹如"鲤鱼跳龙门"，这一"跳"的突变是用艰苦的劳动换来的。

还要与年轻人谈从事文学翻译过程中的读书问题。郝运常说，"书到用时方恨少"，多读书、读好书，是从事文学翻译的根本点、着力点，没有捷径可走。如果从事文学翻译，一是要读书，二是书要整本地读，三是在翻译上要下狠功夫，四是态度要诚实，五是批评要有理有据。有人要说，读书是好事，谁也不会反对，可是现在的读书风气怎样？事实上是有点不太妙。如今"阿Q"派流行，喜欢"君子动口（空口说白话）不动手（下苦功）"。译界形成这样的风气，后果难以料想。有人说现在科技发达，信息传播迅速，没必要读那么多书，"机器翻译"越来越强大，这个老套套过时了。

郝运不这样想，他认为自己是老派读书人，对新媒体不熟悉、不了解，但丰富的翻译经验告诉他，译者不认真读书，寻"歪道"找"捷径"，这是一条危险之路。

无论电子书籍传播渠道怎样变化，纸质图书仍然有其特定的优势和受众。更重要的是，内容永远是王道，那些有价值、有深度、有思想的翻译佳作，永远为受众所喜爱。郝运认为，不用大的力气来搞文学翻译，只会让中国的翻译界走向死胡同，"让世界了解中国，让中国走向世界"只是一句空话。比这更糟糕的是，原文有的地方看不懂（也是读书少造成的），译者本人心里非常清楚，可却一不请教人，二不查字典，胡译一通，企图蒙混过关，或者干脆删掉，反正没人来核对原文，马脚不会露出来，这就是职业道德问题了，该划入"假冒伪劣"一类。

这样的局面不扭转，对国民素养、民间读者的培育和提升有百害而无一利。

除了外语水平，还反映在工作态度上。郝运举例说，草婴从事翻译工作十分认真。在翻译之前要先把原著读透了，了解原著中涉及的方方面面的知识，包括作品产生的历史环境、当地的风俗习惯等。在读原著的同时考虑这部作品值不值得翻译，适不适合自己翻译。在他看来，翻译家就是原著作者和译文读者之间的桥梁，必须时时想到原著作者和译文读者，并对二者负责。草婴翻译每部作品，总是逐字逐句地把原著译成中文并对译文进行检查与通读。在完成译稿之后，又仔细阅读译文，看有没有脱漏、误解之处，并逐一加以更正。之后，再从中文表达的角度来审阅译稿，务求译稿流畅易读。最后才把译稿交付编辑审读。根据编辑所提意见，认真考虑，做必要的修改。即使是经过这样严格的步骤完成的译稿，在校样出来后，草婴仍坚持自己至少通读一遍。

郝运认为，从事文学翻译是神圣的，其工作分上、中、下三个等次。外语水平高工作态度好，这是上等；外语水平高工作态度差，或者外语水平差工作态度好，这是中等；外语水平差工作态度又不好，这是下等。如果让下等翻译成为一种痼疾、一种风气，习焉不察、熟视无睹，对年轻文学翻译者的成长无疑是戕害、摧残，令人担忧。

憧憬文学翻译的未来

人世沧桑，岁月如流。2017 年正值农历丁酉年，郝运高寿九十有二，人称"鲐背之年""耄耋之年"，他称"老之已至，老病俱来"。也许不常出门，郝运对翻译界的当下情况知之不多，而且老友一个个谢世，使他平添孤寂之感。唯有的乐趣就是从报刊上了解外面的世界。

他说他对翻译事业放不下，他期待后来者、期望新人辈出。鲁迅先生说过：弄文学的人只要（一）坚忍，（二）认真，（三）韧长，就可以了，不必因为有人改变就悲观。他想将来的年轻翻译家肯定会比他们这代做得更好，尽管出现点问题，但哪个时代没有自己的问题。如今是市场经济，但其实真正从事翻译、爱好翻译的，每个人的内心深处都珍藏着比金钱更重要的东西，那就是一点人性之光，虽然微弱，却永远不灭！

"文革"结束后，1978 年至 1988 年，在这改革开放的前十年里，中国以开放的姿态吸收各国的优秀作品，外国各种文学流派的作品如潮水般涌来，读者如饥似渴地阅读。这个时期是外国文学翻译最繁荣的时期。

20 世纪 90 年代以后是中国文学翻译史上的又一次高潮。这一时期，思想得到了高度的解放，文艺工作上也真正实现了百花齐放。中国文学作品的翻译基本跟上了世界文学发展的步伐。此时的中国进入了热烈欢迎法国文学的新阶段。获得了思想解放的翻译家，开始以新的视野、新的热情和新的文化心态，投入到法国文学的译介与接纳中来，从而迎来了法国文学进入中国的第二次高潮。进入新世纪，犹如一颗颗种子撒遍在译苑里，生命的霞光绚丽多彩。有一点也许会赢得郝运的赞同，就是翻译家罗新璋所说的："在文艺创作上，不同的艺术风格可以自由发展；在文学翻译上，不同的翻译风格也可以大放异彩。"

要说郝运对未来的憧憬，那就是希望法国文学翻译后继有人，代代传承。进入互联网时代，信息发达，交流频繁，但法语文学翻译不像其他翻译，它的专业强度、文学水平、文字语言要求似乎更高，但低稿酬致使文学翻译人才流失严重，都分流到科技口译、会议口译、法庭口译、商务口译、联络陪同口译和文书翻译等行业去了，这与文明大国的地位不相称。上海曾是外国文学翻译的重镇，享有很高声誉，但后来经济高速发展，文学翻译却滞后了，而外国人日益增多，没有文学翻译，或者不懂文学翻译，上海这座国际大都市如何与国际"接轨"？千万不能成为经济上的"巨人"，文学上的"矮子"。特别是当代中国人的生活形态、风俗习惯、自我认知乃至交往和表达方式都发生着巨大变化，这种变化在语言层面体现得尤为直接、尤为明显；时空的加速带动了语言奔流、再生、分化和狂欢，身处汉语之中的文学家、翻译家都时常会感到晕眩，也必定会增加翻译的难度，面对这种难局，最好的解决方法就是直接投身于那些声调、节奏和表情得以生发的生活中去，充分领会生活的差异、丰富、宽广，才有可能穿透汹涌的语言波涛，谛听来自水面之下的情感和精神的振动，这是年轻一代新的使命、新的责任、新的荣光。关键在于人才，人是世界上最宝贵的。郝运说他看好如今的年轻人，他们是有希望的一代。

郝运说，作为翻译家，我们经历的年轻人没有经历，年轻人经历的我们也不会经历，所以衔接好文学翻译，有传统亦有创新，这是挑战也是机遇。

法语被誉为"世界上最美的语言"，全世界有 2 亿多人口讲法语。作为有 13 亿多人口的中国，对外交往就应该有更多精通或者懂得法语的人才，"法语要比英语略难学，词语的使用和语法较英语复杂得多。此外，对于长期学英语的学生，法语入门会很难。因为法语与英语所用字母基本一样，很多单词甚至是一样的拼法，但读音却大不一样；语法上也容易和英语混淆"。这对年轻一代也是道坎，相信年轻人有所失更有所得。

综观我国近百年来法国文学作品的翻译，不同时期的翻译有不同的特点。不同时期造就了不同的翻译家，不论是林纾的翻译或是傅雷的翻译或是其他译者的翻译，都是我们翻译文学宝库的组成部分。翻译历史上出现的各种问题应客观地加以总结，作为我们今天发展法国文学翻译事业的借鉴，这正是郝运所希望的。

尾　章

生命之光

夕阳余晖，晚霞满天，一抹金红色的彩光映照，绚丽壮美。

郝运家住上海仙霞路，一个诗意而美丽的地名。道骨仙风，丹霞似锦，用以形容郝运的外表倒也贴切——尽管他患有严重的腰椎、颈椎病，躬弯体形，但他思维清晰、思路明确。

走进社区大门，但见大树舒展着绿色的树冠，花坛里的花卉红绿相衬，盎然生机，此景此情，让人顿悟自然界的生命与人世间的生命同样有趣，而郝运，他的生命也如晚霞一般绚丽。

在译苑里，郝运像隐身的耕耘者，培育着美好的心灵。一篇篇译作、一本本名著，犹如这花朵、这树木、这霞光，它们也是生命，滋养着一代代纯洁的心灵。郝运一直谦称自己是"翻译匠"，他在精神世界里精心种植、悉心培育，让读者的心灵和精神变得充实、高洁。他的文学翻译所花费的精力、心血、劳作，非一般花匠所能比——尽管花匠的劳动同样值得尊重。

人生一世，草木一春。人的一生中，可以没有显赫头衔，可以没有万贯家产，可以不是伟人巨擘，可以不是达官显贵，但是，只要你拥有一颗洁白无瑕的心，甘于寂寞，甘于清贫，乐于付出，乐于奉献，你的灵魂可以直面云天、腾升苍空。

有位读者说得好：那些伟大的名著，将美好的人类情感和精神，恒久地凝聚在书中，如水晶钻石光华四射，照耀世代的人心；只要我们是真诚地去喜爱，并使美好的人类情感和精神真正地达于心灵，承受其沐浴、熏染和陶冶，谁能怀疑我们的心灵不会随之变得更优美？

"书是人类进步的阶梯。"（高尔基）"书是我们时代的生命。"（别林斯基）"优秀的书籍是抚育杰出人才的珍贵乳汁，它作为人类财富保存下来，并为人类生活的进一步发展服务。"（弥尔顿）好读书，读好书，我们的"心"会更善良、更正直。这是郝运译书的价值，也是他生命的意义。

郝运已到晚年，进入安详、通悟、清心、无欲无求的人生最高境界，如同晚霞与朝霞相比，朝霞由浓而淡，晚霞由淡而浓，这种生命的变幻，使人感到，花开无声，花落无言，乃是一种经历了沧桑和磨难之后的大气和胸襟。

明代诗人杨慎写了一首《临江仙·滚滚长江东逝水》的词："滚滚长江东逝水，浪花淘尽英雄。是非成败转头空。青山依旧在，几度夕阳红。白发渔樵江渚上，惯看秋月春风。一壶浊酒喜相逢。古今多少事，都付笑谈中。"词曲虽然苍凉悲壮，却充满淡泊宁静的气息，折射了深邃的人生哲理，从中可见，夕阳、晚霞同样美丽、值得赞美。还是以《晨报·社区版》的一篇"走进仙霞'最美家庭'"的报道结尾：

郝运与妻子童秀玉在书房

93 岁的郝连栋和童秀玉夫妇，牵手相伴、相濡以沫，走过了六十多个年头。六十多年来风雨同舟、夫唱妇和，在他们的爱情宝典秘籍里，没有特别浪漫浮华的字眼，有的是相互支持、相互沟通、相互包容。走进郝运家庭，就能感受到一股书香气，屋里墙上挂着 2015 年中国翻译协会授予郝运的"翻译文化终身成就奖"，这是郝先生最引以为自豪的事情，成功的背后离不开爱人童秀玉的默默理解和支持。

郝连栋先生说："结婚六十多年来，我与爱人相濡以沫、相敬如宾，面对困难我们共同面对，同甘共苦、相互支持，培养了深厚的感情，从未红过脸。"言语中透露着幸福，两位老人这么多年来形成的默契已经不用多说，晚年的他们依旧是如此恩爱，携手走过六十多年，九旬夫妻令人羡慕！

郝运和童秀玉的故事还在继续，他们的生命霞光仍在闪亮。

艺术访谈

兴旺文学翻译　多与世界交流

时间：2016 年 5 月至 2018 年 4 月
地点：茅台路郝运寓所、仁济医院西院干部病房
受访人：郝运
采访人：管志华

本书作者与郝运夫妇（右二、三）及长子郝珉（左一）合影

管志华（以下简称管）：郝先生，您好，大概在 2011 年左右，在上海市文史研究馆《世纪》杂志副主编张鑫女士陪同下，我曾对您进行过多次访问。现在，上海市文联在主持编写一套"海上谈艺录"丛书，为沪上成就卓越的文艺家立传，确定您为其中一位传主，委托我对您再次进行访问、采写，不知您是否愿意接受？

郝　运（以下简称郝）：我们认识多年，亦是忘年交，欢迎您来聊天啊。市文联领导也跟我说过此事了，只是由于身体原因，加上记性不好，许多事情记不清啦。本想推辞，但想想党和政府如此关爱、抬举，却之不恭哟，最终还是答应下来了。我不过是一个普通翻译工作者，是个翻译匠，真的，恐怕谈不出什么，我只能配合你，真是难为、辛苦你了。

管：与您多次接触、采访中，觉得您很谦和、低调，身为沪上获中国翻译协会

授予"翻译文化终身成就奖"的三位大家之一，从来不见您讲自己的翻译特色如何如何，对前辈、同行的译著却是推崇有加。很佩服您老的为人风范。

其实我很早就读过法国文学名著《红与黑》，那是"文革"期间，20 世纪 70 年代中叶吧，有次骑自行车时，发现一本没有封面且又破损的书从前面一位骑车者车夹上掉落下来，我叫喊他，那人没听到，一直猛骑向前，我将书捡起保存，后来翻读才读到于连呀、雷纳尔夫人呀等等，知是《红与黑》。可惜，译者的姓名看不到，因为封面和扉页都脱落了。那时读这样的书是要冒点风险的呢。直到 20 世纪 80 年代我购买了不少外国文学翻译小说，其中一本是要重读的《红与黑》，特地关注一下译者，是"郝运"，就是您老啊，这样我就记住了您的大名。但是当时还无缘拜识您，"读其书，想见其人"，终于能亲访您，诚属三生有幸。您能否回顾一下翻译此书的过程，谈些感受？

郝：你说的读到那本捡到的《红与黑》，是在 70 年代，那不是我翻译的。我重译司汤达的名著《红与黑》，1986 年才由上海译文出版社出版。

说起来，我与《红与黑》亦有不解之缘。20 世纪 50 年代，我在巴金领导下的平明出版社担任法国文学翻译编辑，有次接受任务，做一位知名翻译家所译《红与黑》的责任编辑。作为先行译者之一，该翻译家有其特色、风格，可我作为责编仔细校译，发现若干地方存在差错、误文或者说瑕疵，我将所要改的都写在纸条上，慢慢积累起来有一大包。那时我才三十岁不到，人微言轻，审阅意见大都没被采纳，书照常出版，也成了我心头之痛，心想哪天我有机缘能翻译这部名著，一定要把这些差错纠正过来。结果一等就是三十多年，直到"文革"结束。法国文学翻译久旱逢甘雨，读者渴望读到世界文学名著，我终于有机会能亲自翻译这部书。所以，我恪尽职守，夜不成寐，反复推敲，还重新翻出那一大包审阅意见，几近痴迷，难以自拔。译著出版后，听说反响不错，迄今还有不少读者喜欢这个译本，真诚感谢读者的厚爱。

其实，从事文学翻译，译家各具特色，各有千秋。无论是《红与黑》，抑或其他法国名著，往往都是译者多，译本也多，甚至有十几个译本也不稀奇。这是好现象，都是翻译家们于艺术上的再创作，构建出精彩纷呈的百花园，听凭读者自己选择、取舍，翻译文化就该这般多元、多样。

管：您是如何抉择外国作家作品的？是不是在作家本国发行量大的，就拿来翻译？还是说，要考察该作品对于世界文学的影响，和本身的艺术成就等？不需要长篇大论，以您译者的眼光来谈，郝老，可以吗？

郝：哦，出了题目要我答呀。我也没有精力去长篇大论。从译者的角度来说，选择好外国作品，是很重要的，不能随随便便选。我想，倒也不是凡是在作家本国发行量大的，就要拿来翻译。太功利性了不行，不能太短视，不能唯发行量为是吧？这不符合文艺史的发展逻辑。时间对作家和作品的评判，是最无私最公正的。譬如，1830 年 11 月，司汤达《红与黑》在法国巴黎问世后，在毗邻的德国立刻引起文学巨匠歌德的注目，年逾八旬的歌德认为它是司汤达的"最好作品"；司汤达的这部小说在俄罗斯也有它的知音，出生于 1820 年的列夫·托尔斯泰，"对他的勇气产生了好感，有一种亲近之感"。可当初《红与黑》出版后，在本国受到冷遇，初版仅印了 750 册，后来根据合同勉强加印几百册，纸型便束之高阁。他一生写了 33 部著作，只出版了 14 部。虽然如此，司汤达对自己的这部作品充满信心，他大胆预测：将"做一个在 1935 年为人阅读的作家"。历史兑现了他的预言。自司汤达"被发现"后，亦即渐渐被公众接受后，以《红与黑》为最高代表的司汤达的一些杰作，开始不胫而走，当之无愧地跻身于世界文学名著之林。

评判作品，要看它的思想性和艺术性，中外都一样。一部优秀小说，总是蕴含着深刻的思想内容。还是以《红与黑》为例，1828 年初，司汤达对一桩刑事案件报道产生浓厚兴趣，进行文学想象和艺术创作，构成了小说的基干，成为当时法国社会的政治风俗画。除了描述主人公于连平民反抗意识和个人进取的野心的复杂结合与矛盾心理，更将他和德·雷纳尔夫人、德·拉莫尔小姐的爱情故事贯穿整个小说，具有深刻的社会意义，是对封建门阀制度的有力鞭挞，对平等自由的恋爱和婚姻的大胆肯定。同时，一部优秀小说总是极富艺术特色。光有思想内容不够，还须艺术化地表现这些内容才行。这，需要在艺术创造上具备特色。如果说巴尔扎克感兴趣的是造成一个人的"境遇"，那么司汤达则倾心于"人类心灵的观察者"，开创心理小说之先河。仔细鉴赏《红与黑》，读一读其中好多地方的心理描写，读者会获得莫大的艺术享受。作为翻译家，我们要体悟作家原著的艺术特点，用力气在翻译过程中将它反映出来。文学技法没有一定之规，文学名家总是各显其能、各尽其妙。翻译家要善于体悟其妙，进行再创作。

管：郝先生，您一辈子与翻译打交道，与文字为伍，译了六十多部书，绝大部分都是法国文学名著，您能否谈谈对法国文学的印象？

郝：法国文学在世界文学史上占有重要地位，源远流长，光照人间。自中世纪开始，流派纷繁，名家巨匠层出不穷，佳作名著浩如烟海。作为一个普通的翻译工作者，我只不过翻译了屈指可数的几位法国大作家，即司汤达、法朗士、大仲马、莫泊桑、都德的一些作品，可谓大海滴水、吉光片羽。我对这些大作家的作品是有所偏爱的，甚至会边翻译边赞叹——像司汤达的文章风格朴实、明晰、严谨，长于心理分析，文笔冷静，语言不多装饰，不追求美艳造作的文风，却又令读者时时会随之感动、共鸣；莫泊桑的小说大都以日常生活为背景，平淡却精准得像实际生活一样，没有人工的编排与臆造的戏剧性，不以惊心动魄的开端或令人拍案叫奇的收煞取胜，而是以真实自然的叙述与描写吸引人。每个作家都有自己的个性，翻译也该是如此，关键是要深入到原著者的内心，跟着他们塑造的人物不断转变自身角色，就像演员一上台就得将自己的个性融入到戏中的人物角色性格，而导演则要把握整部戏的各种人物性格，所以，翻译好一部书，译者既是"演员"，又是"导演"，将自己的情感、个性"移植"，尽可能不走样、原汁原味地呈现给读者。

管：确实，优秀的译著像沙漠中的绿洲一样，滋润了一代又一代的读者，这些优秀作品将永远留在我们的记忆中。说句玩笑话，这些法国大作家得好好感谢您这位中国知音，正因为有了您的出色翻译，他们的经典之作成为中国读者的心爱，从书店、图书馆的书架上走向千家万户。对此，您的感觉如何？

郝：当然我高兴呀，因为中国与世界相连，中国读者能读到外国文学经典，了解外国文学作品，有益于中华文化汲取养分，丰富发展。翻译就是发现美的过程，译者与读者都乐享其中。而中华博大的文化同样需要传递给世界，所以，作为中国翻译家要有使命感，进行"双向传递"。文学翻译其实也是再创作，对美的再创造。这方面，我不过是个"翻译匠"，对"翻译家"头衔实在不敢当，唯一愿望是认认真真、仔仔细细地做好翻译。

管：说到"翻译匠"，我的理解，就是一种"工匠精神"，就是"精益求精"四个字。郝老，您的艺术道路，体现的就是这种不断自我加压、不断进取的精神。您以毕生心血，为我们年轻读者造福，也是树立了精神榜样。由此，您的精神乃至译作也就特别受到瞩目。我们就该向您学习，把这四个字融会贯通，在工作上凸显"择一事，终一生"的"工匠精神"，打造新时代中国人的一种全新内在素质，摈弃松弛懈怠、马马虎虎的工作状态。这样，我们中国社会、中国文化就会快速推进，奔向光明的未来！

郝：你说得太好了，现在中国经济发展很快，文化也要及时跟上，甚至引领，我老了，再也做不了多少事，希望中国的未来更美好。

谢谢你的夸奖，其实我对自己的评价是不高的。有个成语：探骊得珠。文学翻译要做好，就似"探骊得珠"，是很难的。一个有责任感、有使命感的翻译工作者必定是要自我加压，要为读者提供最好的精神食粮。反躬自问，自己究竟做得怎么样？平心而论，回顾自己的一生，我感到是努力做了，但做得还很不够。

很多前辈，很多同行，他们的工作值得我赞美、学习。"三人行，必有我师焉"，我就是向人家学习，取人长补己短，一路这样走过来的。自然，翻译的艺术，也是百花齐放，百家争鸣。翻译作品丰富起来了，出现各种评价，各种争议，也很正常啊。总体上说，评价翻译作品，要客观、公允，要看到其中的长处和短处，防止片面地褒扬或贬低，不要走极端，这是我的观点。

管：与您多次交谈，知道您从事法国文学翻译一辈子，却从来没有去过法国，唯有一次游历加拿大、美国的经历。加拿大也有法语区，听说游历期间您还专门去图书馆、博物馆查阅翻译资料。假如您能到法国，您的最大希望是什么？

郝：是的，我译了一辈子法国文学作品，至今未能踏上法国土地。这确实是我感到无比遗憾的事。如果我能去的话，我不仅要游遍巴黎的名胜古迹，还要争取访问莫泊桑、都德、司汤达——这些我译过作品的作家的故乡和故居。可是随着年龄的增长，随着身体病痛的增加，我知道这已经成了无法实现的愿望，但是我并不感到痛苦和失望，因为我还能与老朋友王振孙合作把莫泊桑的中短篇小说全集译完，我已经万分满意。

管：郝老，最后，我来说点可能令人叹气的信息，可以吗？现在，有些年轻朋友读书时间花得少，连名著也不认真看了。也许有的读者不太了解您曾经辛勤的付出和努力，对于翻译作品，匆匆看上一眼，知道个大概已经足够，了解几个人物的名字和故事梗概便算完事，甚至据说有些人只是把世界文学名著当作文化装饰，成为客厅中一种品位摆设。您怎么看待这种现象？您生气吗？

郝：不，不会生气。也是，不能要求所有人都喜欢世界名著翻译。读书是自由的，文化生活是多姿多彩的，个人爱好亦是多种多样的。我想建议，某些从未接触过外国名著的朋友，有时间时不妨找几本译作来看看。一旦接触，他们可能会被外国文学经典的那种节奏、那种语感、那种韵律、那种遣词造句的风格所打动。

人各有志，各有所好。译者把一生精力花在译著上，不一定硬要读者感谢你，也跟你一样来废寝忘食般爱好外国文学。但是，毕竟，文化是一种力量，是一种使命。中外相互了解、理解，是必不可少的。外国文学是好东西啊。现在懂外语的人越来越多，国家与国家之间的交往越来越密切，我们，无论是西方的欧美，还是东方的华夏，正在相对变得越来越文明，能够阅读原著，那是最最好的，要不然，亦欢迎来读读译作吧。

管：随着中国走向世界，世界关注中国，语言交流、文化交往越来越频繁，您对此有什么想法？

郝：即便如此，对于大多数读者来说，没有翻译家，世界文学将会留下一段空白，毕竟人的生命有限，不可能样样语言都学到精通。没有翻译家，即使我们像伟大的歌德那样，信心百倍地宣布世界文学的时代到来，可是语言障碍的高山挡在面前，我们还是看不到山那边的无限风光。所以，中国的翻译事业需要培养更多更好的人才，为人民、为读者献上优秀的外国文学译著，希望翻译界人才辈出、人才济济，兴旺中国的翻译事业。同时亦希望从事这行当的后起之秀能静得下心，不求大红大紫，但求温和清静，既不抱怨，也不摆功，心辩而不繁说，多力而不乏功。人生难得是心安，心安人才静。这是我的希望，更是期待！

附　录

从艺大事记

祖籍：河北省大城县台头村

1925.8.18　（农历乙丑年六月二十九日）出生于江西省南昌市

1931.9—1935.7　南京　南京女中附属幼稚园、小学（现为南京桃花新村1—2号）

1936.9—1937.7　南京　竺桥小学

1937.9—1939.7　重庆　巴县中学

1939.7—1940.2　重庆　因病失学

1940.2—1941.1　重庆　兼善中学

1941.2—1942.7　重庆　志达中学、南开中学

1942.2—1942.7　江津　大学先修班

1942.9—1946.7　昆明　中法大学

1946.7—1947.2　南京　失业

1947.2—1949.9　南京　中国红十字会总会任科员、代课长

1948.10　翻译《红十字史话》（魏尔莱原著，红十字会丛书，中华民国红十字总会民国三十七年十月编印、出版）

1949.9—1950.8　上海　中国红十字会总会任干事、工会主席

1950.4.30　上海　与上海红十字会门诊部护士童秀玉在上海青年会举行婚礼

1950.8—1953.4　北京　中国红十字会总会迁京改组，任秘书

1950　母亲刘敬华逝世

1952　父亲郝子华逝世

1953.4—1955.12　上海　平明出版社任编辑

1953.12　翻译《珈丽亚》（短篇小说集，与祝融、傅欣合译，〔苏〕扬·布列尔等原著，平明出版社出版）

1953.8.26　长子郝珉出生（石门一路252弄29号华顺里）

1954　翻译《罗萨丽·布鲁斯》（长篇小说，〔法〕比尔·卡玛拉原著，平明出版社出版，1957年5月上海新文艺出版社重印）

1955.9　翻译《尼娜车站》（短篇小说集，〔苏〕杜丹采夫原著，上海文艺联合出版社出版）

1955.12—1958.3　上海新文艺出版社任编辑

1955.6.11　次子郝玮出生

1955.10　翻译《小东西》（长篇小说，〔法〕都德原著，平明出版社出版，1985 年 3 月上海译文出版社重印）

1955.11　翻译《巴梯索先生的礼拜天》（中篇小说，用"祁蒙"笔名，〔法〕莫泊桑原著，上海新文艺出版社出版）

1956.4　翻译《大海和歌剧院》（短篇小说集，用"祁蒙"笔名，与林新合译，〔法〕比尔·卡玛拉等原著，上海新文艺出版社出版）

1956.6　翻译《诸神渴了》（长篇小说，与萧甘合译，〔法〕法朗士原著，上海新文艺出版社出版）

1956.11　加入中国民主促进会

1958.3.31　因肺病复发，提请辞职获准

1958.4—1961.6　从事专业翻译

1959.7　翻译《大房子》（长篇小说，〔阿尔及利亚〕狄普原著，上海文艺出版社出版）

1961.6—1964.4　上海编译所成立，被聘为所员

1961.6　翻译《起义者》（长篇小说，与众志、陈乐合译，〔法〕瓦莱斯原著，上海文艺出版社出版）

1962.4　翻译《春天的燕子》（长篇小说，与朱角合译，〔法〕让·拉斐德原著，上海文艺出版社出版）

1962　妻子童秀玉从上海红十字会门诊部调办公室工作，后又调至上海市爱卫会工作，再又调至卫生部直属的上海精密医疗机械厂（制造 X 光机）医务室工作

1964.5—1969.2　编译所所员关系转至人民文学出版社上海分社，任编辑

1965.8　翻译《非洲的风暴》（诗集，与苏杭等合译，〔马里〕马马杜·戈洛戈原著，作家出版社上海编辑所出版）

1966.4　翻译《巴拿的游击队》（短篇小说集，与雨燕等合译，〔越南〕原玉等原著，作家出版社上海编辑所出版）

1969.2—1970.8　借调至上海市革会清档组，参加外文清档

1970.4.1—1976　长子郝珉成都中学毕业，先至江西省广昌县赤水公社插队，后至河北省插队，1977 年进入银行工作；1978 年恢复高考，考入河北大学历史系；1982 年考入武汉大学哲学系研究生；1985 年 6 月毕业，进入上海社科院哲学所工作

1970.8—1973.3　借调至上海外国语学院《法汉词典》编写组，参加《法汉词

典》编写工作，并担任责任编辑

1971.3　妻子童秀玉工作单位上海精密医疗机械厂全厂内迁支援"大三线"建设，至四川省内江四号信箱西南医用设备厂医务室工作

1971.9　次子郝玮六十一中学毕业，分配至上海无线电一厂工作

1973.3—1978.12　《法汉词典》编纂完毕

1978.11　翻译《羊脂球》（短篇小说集，与赵少侯合译，〔法〕莫泊桑原著，人民文学出版社出版）

1979.1—1985.12　编制关系划归上海译文出版社，从事专业翻译

1979.5　翻译《黑郁金香》（长篇小说，〔法〕大仲马原著，江西人民出版社出版，1993年1月上海译文出版社出版）

1979.7　翻译《巴马修道院》（长篇小说，〔法〕司汤达原著，上海译文出版社出版，书名后改译为《帕尔马修道院》）

1979　妻子童秀玉退休返沪

1980　加入上海作家协会

1981.11　翻译《企鹅岛》（长篇小说，〔法〕法朗士原著，上海译文出版社出版）

1981.12　翻译《莫泊桑中短篇小说选》（中、短篇小说合集，与赵少侯合译，〔法〕莫泊桑原著，人民文学出版社出版）

1982　当选为中国法国文学学会理事，后任顾问

1982.1　《法汉词典》第一版出版（1970年，《法汉词典》编写组在上海外语学院成立，先后参加编写的人员共有六七十人，《法汉词典》于1978年编写完毕，上海译文出版社出版）

1982.9　翻译《玛戈王后》（长篇小说，与朱角、陈乐合译，〔法〕大仲马原著，上海译文出版社出版）

1983—1984　翻译《布拉热洛纳子爵》（长篇小说，上中下三册，与谭玉培等合译，〔法〕大仲马原著，上海译文出版社出版）

1984.7—8　参加上海作家协会第四届会员大会及上海文联第三次代表大会，当选为上海作家协会（第四届）理事

1984.11　参加中国法国文学学会第二次年会（厦门）

1985.3　翻译《项链》（短篇小说集，与赵少侯合译，〔法〕莫泊桑原著，人民文学出版社出版）

1986　加入上海翻译家协会，当选为理事

1986.6　翻译《左拉中短篇小说选》（中、短篇小说合集，与王振孙合译，

〔法〕左拉原著，人民文学出版社出版)

1986.12　翻译《红与黑》(长篇小说，〔法〕司汤达原著，上海译文出版社出版)

1987.4　翻译《梅格雷与疯子》(长篇小说，〔比利时〕西默农原著，上海译文出版社出版)

1988.3　翻译《梅格雷与小偷》(长篇小说，〔比利时〕西默农原著，上海译文出版社出版)

1988　加入中国作家协会

1989　因翻译介绍法国文学，被法国出版的《法语世界名人年鉴》(1986—1987，1988—1989)收入其中

1989.1　翻译《莫泊桑短篇小说集》(与王振孙、赵少侯合译，〔法〕莫泊桑原著，上海译文出版社出版)

1989.9　翻译《天使的叛变》(长篇小说，与李伧人合译，〔法〕法朗士原著，上海译文出版社出版)

1990.1　翻译《拉脱维亚人皮埃特尔》(长篇小说，用"祁蒙"笔名，与郝珉合译，〔比利时〕西默农原著，上海译文出版社出版)

1990.6　翻译《红与绿》(短篇小说集，与汪涛等人合译，〔法〕司汤达原著，上海译文出版社出版)

1990.10　翻译《四十五卫士》(长篇小说，与周克希、朱角合译，〔法〕大仲马原著，上海译文出版社出版)

1991.2—1995.5　翻译《莫泊桑中短篇小说全集》(与王振孙、赵少侯合译，〔法〕莫泊桑原著，人民文学出版社出版)

全集共20册，具体如下：

1. 1991.2《泰利埃公馆》(与王振孙合译)

2. 1991.2《菲菲小姐》(与王振孙、赵少侯合译)

3. 1991.2《山鹬的故事》(与王振孙、赵少侯合译)

4. 1991.2《月光》(与王振孙、赵少侯合译)

5. 1991.2《密斯哈丽特》(与王振孙、赵少侯合译)

6. 1991.12《伊薇特》(与王振孙、赵少侯合译)

7. 1991.12《隆多里姐妹》(与王振孙、赵少侯合译)

8. 1991.12《白天和黑夜的故事》(与王振孙、赵少侯合译)

9. 1991.12《巴朗先生》(与王振孙合译)

10. 1991.12《图瓦》(与王振孙、赵少侯合译)

11.　1993.1《小萝克》（与王振孙合译）

12.　1993.1《奥尔拉》（与王振孙、赵少侯合译）

13.　1993.1《于松太太的贞洁少男》（与王振孙合译）

14.　1993.4《左手》（与王振孙合译）

15.　1993.4《空有玉貌》（与王振孙、赵少侯合译）

16.　1994.1《米斯蒂》（与王振孙合译）

17.　1994.1《米隆老爹》（与王振孙、赵少侯合译）

18.　1994.7《羊脂球》（与王振孙、赵少侯合译）

19.　1994.12《巴黎一市民的星期日》（与王振孙合译）

20.　1995.5《新婚旅行》（与王振孙合译）

1991.3　翻译《魔法师梅兰——圆桌骑士传奇》（传奇故事，〔法〕洛朗斯·卡米格利埃里编写，上海译文出版社出版）

1992.4　翻译《法朗士小说选》（长、短篇小说合集，与萧甘合译，〔法〕法朗士原著，上海译文出版社出版）

1994.10　翻译《玛歌皇后》（即《玛戈王后》，〔法〕大仲马原著，繁体字本，台北远流出版公司出版）

1994.12　翻译《向极地挑战》（〔法〕Bertrand Imbeit 原著，"南北两极探险史话"，台北时报文化出版公司出版）

1995.6　翻译《三个火枪手》（长篇小说，与王振孙合译，〔法〕大仲马原著，上海译文出版社出版）

1995.7　郝连栋、童秀玉夫妇应在加拿大定居的长子郝珉、长媳朱维佳夫妇邀请，到加拿大汉密尔顿市与他们和长孙团聚，游历加拿大、美国的许多城镇及风景区

1996.4　返沪

1996.6　被上海市政府聘为上海文史研究馆馆员

1997.7　翻译《磨坊书简》（短篇小说集，〔法〕都德原著，上海译文出版社出版；本版不是全集本，2002 年 4 月南京译林出版社出版全集本）

1998.5　翻译《铁面人》（即《布拉热洛纳子爵》，〔法〕大仲马原著，繁体字本，台北远景出版公司出版）

1998.7　翻译《苏尔蒂太太》（中篇小说，〔法〕左拉原著，台北洪范书店出版）

1999.5　编译《极地探险——冰天雪地的考验》（"人类文明"画卷丛书之一，郝运、廖菁菁编，重庆出版社出版）

2000.9   翻译《都德小说选》（长、短篇小说选集，〔法〕都德原著，上海译文
          出版社出版）

2002.2   获上海翻译家协会授予的"中国资深翻译家"荣誉称号

2006.1   翻译《为了一夜的爱》（中、短篇小说选集，与王振孙合译，〔法〕左
          拉原著，上海译文出版社出版）

2006.6   翻译《莫泊桑中短篇小说全集》（5 大卷，中、短篇小说共 303 篇，与
          王振孙合译，〔法〕莫泊桑原著，上海译文出版社出版）

2011.1   译作《羊脂球》出版（中、短篇小说选集，与王振孙合译，〔法〕莫
          泊桑原著，上海译文出版社出版）

2015.5.7   获中国翻译协会授予的"翻译文化终身成就奖"

2016.4   译作《最后一课》出版（长、短篇小说选集，〔法〕都德原著，上海
          译文出版社出版）

2016.8.4   获中共上海市委宣传部、上海市重大文艺创作领导小组办公室颁发
          的"2015 年度上海文艺家荣誉奖"奖状和奖金

参考文献

熊月之主编:《史林》2011 年增刊,上海社科院历史研究所编辑

郝陵生:《历史的美》,上海书店出版社 2009 年 1 月版

上海文史研究馆编撰:《上海市文史研究馆馆员传略》第六辑

邓云乡:《文化古城旧事》,中华书局 2015 年 6 月版

高殿清、张金明:《直系军阀齐燮元》,中国文化出版社 2013 年 9 月版

《中法大学史料》编写组:《中法大学史料》,北京理工大学出版社 1995 年 8 月版

西南联合大学北京校友会:《国立西南联合大学校史——一九三七年至一九四六年的
　　北大、清华、南开》,北京大学出版社 1996 年 10 月第 1 版

刘宜春:《西南联大生活录》,北京航空航天大学出版社 2009 年 1 月版

吴岳添:《法国文学简史》,上海外语教育出版社 2005 年 12 月第 1 版

西南联大《除夕·副刊》主编:《联大八年》,新星出版社 2010 年 6 月版

鲲西:《清华园感旧录》,上海古籍出版社 2002 年 6 月版

魏承思:《最后的才子苏渊雷》,载 2011 年 10 月 28 日《南方人物周刊》

朱子会:《对中国红十字会总会改组前情况的回顾》,载中国红十字会总会主办《中
　　国红十字会》1984 年第 5 期

柳鸣九:《法国文学史》(上、中、下册),人民文学出版社 1981 年 9 月第 1 版

汤惟杰、丁雄飞:《陈良廷、刘文澜夫妇谈外国文学翻译》,载 2017 年 5 月 7 日"澎
　　湃新闻"

〔美〕麦吉尔著、王志远主编:《世界名著鉴赏大辞典》小说卷(上册),中国书籍出
　　版社 1990 年 10 月第 1 版

李爽:《论司汤达创作中的"意大利性格"》,载《山东师范大学学报·比较文学与世
　　界文学》2008 年

〔法〕大仲马著、郝运译:《黑郁金香》,上海译文出版社 1983 年 10 月版

傅小平:《草婴:不懈探求真善美》,载 2011 年 9 月 11 日《文学报》

柯琳娟、杜雅萍:《坚守良知的翻译家——草婴传》,江苏人民出版社 2010 年 8 月第
　　1 版

李玲玲:《译界泰斗——杨宪益传》,江苏人民出版社 2011 年 5 月第 1 版

章洁思:《周晔社长》,载 2016 年 3 月 24 日《今晚报·数字报》

《鲁迅研究资料索引》编写组:《鲁迅研究资料索引》(上册、下册、续编),人民文

学出版社 1980 年 3 月版、1986 年 3 月版

文颖：《怀念翻译家汝龙》，载《中国翻译》1996 年第 4 期

叶兆言：《怀念傅雷先生》，载《初中生之友》2015 年第 23 期

〔法〕莫泊桑著、郝运译：《两个朋友》，载《上海文艺·外国文学作品介绍》1978
年第 1078 期

韩沪麟：《吉诃德＋孔子＋雷锋——翻译家郝运素描》，载 1990 年 6 月 16 日《文汇
读书周报》277 期

李坚：《郝运交好运》，载 1992 年 5 月 22 日《新民晚报》

乔广田：《出版精品是这样打造的——基于编辑工作视角的考虑》，载《中国编辑》
2016 年 1 月第 1 期

韩沪麟：《莫氏后继有人》，载 1991 年 10 月 27 日《新民晚报》

韩沪麟：《译坛哥俩》，载 1989 年 6 月 14 日《新民晚报》

柳鸣九主编：《法国文学史》（下册），人民文学出版社 1991 年 2 月第 1 版

季羡林：《季羡林谈翻译》，当代中国出版社 2007 年 6 月第 1 版

傅敏编：《傅雷谈翻译》，当代世界出版社 2006 年 9 月第 1 版

肖红、许钧：《试论傅雷的翻译观》，载《四川外语学院学报》2002 年 5 月第 18 卷第
5 期

思灵：《傅雷与巴尔扎克》，载《读者良友》1984 年第 1 卷第 6 期

许渊冲：《山阴道上——许渊冲散文随笔选集》，中央编译出版社 2005 年 6 月版

张成柱：《文学翻译中的情感移植》，载《中国翻译》1993 年第 4 期

廉洁、王冉丹：《风格翻译中词语标记的传译——以〈红与黑〉三个汉译本为例》，
载《大连民族学院学报》2014 年 7 月第 16 卷第 4 期

〔美〕傅铿：《知识人的黄昏》，生活·读书·新知三联书店 2013 年 1 月第 1 版

许钧主编：《文字·文学·文化——〈红与黑〉汉译研究》，南京大学出版社 1996 年
2 月第 1 版

季羡林：《神州文化集成丛书·总序》，新华出版社 1991 年版

许钧、袁筱一：《当代法国翻译理论》，南京大学出版社 1998 年 5 月版

蔡愫颖：《"欧化"与"归化"两种翻译倾向的研究》，载《科技信息·学术研究》
2008 年

文军、刘萍：《中国翻译批评五十年：回顾与展望》，载《甘肃社会科学》2006 年第
2 期

方平：《历史将给予充分的肯定》，载《博览群书》1997 年第 7 期

谢天振：《对〈红与黑〉汉译大讨论的反思》，载《外语教学理论与实践》2011 年第

2 期

〔意〕卡尔维诺著，黄灿然、李桂蜜译：《为什么读经典》，译林出版社 2012 年 4
　　月版

韩沪麟：《从编辑角度漫谈文学翻译》，载《中国翻译》1989 年第 1 期

赵启正：《民族文化只有通过传播才能属于世界》，载《人民日报·海外版》2011 年
　　9 月 2 日第 1 版

刘彬：《“翻译文化终身成就奖”颁奖　何兆武、梁良兴、郝运获奖》，载 2015 年 4
　　月 21 日《光明日报》

诸葛漪：《90 岁获翻译文化终身成就奖　郝运：不走样讲好故事》，载 2015 年 5 月 8
　　日《解放日报》

郝运口述、刘晋峰采写：《八十岁法语文学老翻译家讲述自己一生的运数　郝运：石
　　库门里晚到的好运》，载 2005 年 6 月 1 日《新京报》

李国文：《我为什么这样活》，广西师范大学出版社 2016 年 1 月版

徐明中：《不老的风景》，载《新民晚报》2016 年 8 月 14 日 C2 版

王子野：《同编辑谈读书》，在人民出版社编辑座谈会上的发言，载《思想战线》
　　1959 年第 20 期

金波、司徒伟智：《译笔求道路漫漫·草婴》，上海锦绣文章出版社 2010 年版 1 月第
　　1 版

熊浩：《青年学人应感知基层体温》，载《人民日报》2016 年 11 月 24 日第 5 版

罗新璋：《读傅雷译品随感》，载《文艺报》1979 年第 5 期

傅雷：《翻译经验点滴》，载《文艺报》1957 年第 10 期

后　记

　　经过近两年的采写，在本书写完最后一字时，我心头如释重负，变得轻松愉快。现在回想下，往日情景依然历历在目。

　　2016年暮春，我突然接到一个电话，是上海市文联文学艺术院打来的。在20世纪八九十年代，我与上海市文联交往比较多，常会在文艺会堂遇到不少文化艺术界名人，他们的学识修养、气质风度，尤其待人谦和、没有架子，言谈举止又幽默风趣，让我们这些跑新闻的记者极为钦佩，每每随机采访，总有意外收获。

　　至90年代中期，与我熟识的北大中文系毕业的褚水敖同志从上海市委宣传部文艺处处长调任市文联秘书长，其间我跑得更勤；后来他调任市作协党组副书记兼秘书长，我渐渐与市文联联络少了。

　　接到电话，我很纳闷："失联"近二十年怎么会主动来找？一问才知，原来市文联在编写一套"海上谈艺录"艺术传记丛书，将老一辈卓有成就的艺术大家的人生经历、艺术成就真实地记录下来，他们想请我担当采写著名法国文学翻译家郝连栋（笔名郝运）先生的任务。2010年左右，我采访过郝运先生，丛书组织者便寻到我。我爽快地应承了下来。郝先生一辈子踏踏实实、兢兢业业、一丝不苟、精益求精，他完成许多法国文学名著的翻译工作，所承担的工作量和压力多不为外人所知。当下出现的物欲横流、金钱至上、诚信丢失、道德滑坡等不良现象，与郝先生的执着专注、诚实做人的品行形成鲜明的对比。

　　郝先生业务水平一流，而且人品非常好，话语不多，谦和低调，从不摆谱，做事细心，为人真诚，七八年前的采访中我便深有体会。让我感动的是，他八十多岁因身体原因才正式停笔翻译，后来严重的颈椎病、腰椎病痛让他备受折磨，加上患有其他严重的老年疾病以及大脑萎缩症，他原本想婉拒写他，现任市文联专职副主席兼秘书长沈文忠多次做工作，结果他同意了，最终选定我作为撰写人。很感谢郝先生的信任，我亦不知天高地厚地爽快答应，以为凭借自己多年的采访经验，能轻松胜任郝先生的传记书写任务。

　　不料事情的推进比预料的艰难很多。在2010年代访问郝先生时，他行将进入"米字寿"，虽然身体欠佳，但还能谈及往事；虽然话语不多，却能说清楚，还跟我聊及养生的"秘诀"。但这次写传记时问起一些人和事，尽管他思维还算清晰，但总叹息想不起来，毕竟他已九十有三。至2017年12月，郝先生身体每况愈下，定居加拿大多年的长子郝珉赶紧回国，带父亲住进上海仁济医院西院（山东路）检查、治疗。我曾多次探望想再进一步"挖掘"，但郝先生身体状况更不如前，要想从他口里"掏"出更多史料，几乎不可能，即便讲，也是重复他曾经给我讲过的往事。

我只能进行艰苦的外围采访。但问题又出现了，他的同辈、同学、同事，包括他的二哥——我国著名肝脏传染病学家郝连杰，他大嫂的弟弟——著名法语翻译家、上海译文出版社编审傅欣等，都一个个不幸谢世，要对亲属以及外围同辈、至交好友的采访完全到了"山穷水尽"的地步。好在郝先生的夫人童秀玉、童秀玉妹妹童秀峰、长子郝珉、侄子郝陵生、侄媳严厚琪等，包括毕业于北大西语系、参与《法汉词典》编写、审读的上海外国语大学王美华老师，都给予积极的帮助与回忆，提供不少有用素材。郝先生亦善解人意，尽管记忆力越来越差，但他很配合，常会翻出些资料，每每到郝先生家探望，也会有些斩获。再有就是一些仰慕郝先生的年轻读者，尤其那些阅读过郝先生的《红与黑》《巴马修道院》和大仲马、法朗士、左拉、都德、莫泊桑等法国文学名家名著译作的，他们用现代通信手段给我传递一些有关信息，从而丰富了本书的资料。没有他们的帮助，要写这样的书是不可能的。这里，我一并感谢。

"给人一碗水，自己必须有一桶水"，这是对教师知识拥有量的一个比喻。同样，写传记也是如此，遇到什么问题就"啃"什么材料，想方设法搜集、甄别、对比、阅读大量材料，在采访难度极大的情况下，要善于挖掘、利用、阅读相关书籍、史料以及互联网搜索的资料，加以考证、筛选、确认，这方面，上海图书馆刁富锦先生及有关人员、上海科技大学图书馆张晖老师也给予积极、主动的帮助，在此深表谢意。

在成书过程中，需要大量的图片，包括老照片、老书籍，这有助于郝先生的回忆，也可增强本书的纪实性、可读性，为此，上海报业集团摄影记者陈焕联先生不辞辛劳、无私奉献，进行旧照翻拍、现场摄影和图片剪裁工作，为真实、直观地记录郝先生的人生经历有汗马之功，在此亦表谢忱。

写作过程中，我力求真实准确、行文有据，虽然进度很慢，但求真务实是符合郝先生的本意与性格的。初稿成型后给郝先生审阅，虽然他身体每况愈下，但他还是竭尽所能，亲手在主要事实方面，或画线，或标记，或设问，或改字，特别是翻译书目表，校正五遍之多。值得一提的是，在住院期间，经医生的积极治疗和有效调理，郝先生身体状况大有改善，他细看了书稿，专门叫我到医院，讲解了一些细节，特地指出书稿中一些错字、错误标点等等，这种严谨细致、认真负责的工作态度，对我是很大的鞭策，也是很好的榜样。现在成书出版能否达标，或许与郝先生的要求尚有一段距离，但应该说相对接近，所以也仰仗读者在阅读过程中作出自己的评判。如果对读者有所启发、有所帮助，我想这样的写作没有白费力气，还算有点意义；假如读者感到不解渴、不满意，则属我作者个人责任，因为没有再度深挖材料，把郝先生这样的翻译名家写深、写透、写活，唯有愧意。

本书出版中，对市文联文学艺术院策划者、丛书审阅者、出版社编辑者所付出的大量的辛苦劳累，我同样感恩。这是一支团队、一股推力，默默地藏身于本书主角郝连栋（郝运）先生的背后，为的是弘扬和光大郝先生的知难而进、尽责敬业的文化精神，为继往开来、构筑上海的文化高地而共同奋斗。

人事有代谢，往来成古今。作为老一代翻译家，郝先生留下许多耐读、隽永、精彩、上乘的优秀译作，为年轻的翻译家、广大的读者奉上一笔丰厚的文化遗产、一种坚韧的文化精神，我们得好好珍惜、继承，唯有如此，中国的翻译、中国的文化才有希望和未来。

限于笔者的学识水平和文字功力，对书中的罅漏与谬误，祈望译界行家、广大读者赐教、指正，对此，得向诸位道一句：谢谢！

管志华
2017 年初夏于沪上（初稿）
2018 年阳春于沪上（改定）

图书在版编目（CIP）数据

深潜译海探骊珠：郝运/管志华著. —上海：上
海文化出版社，2018.11
　（海上谈艺录）
　ISBN 978－7－5535－1418－5

　Ⅰ．①深…　Ⅱ．①管…　Ⅲ．①郝运－传记　Ⅳ．
①K825.5

中国版本图书馆 CIP 数据核字（2018）第 236243 号

出　版　人：姜逸青
责任编辑：黄慧鸣　张　彦
封面设计：王　伟

策　　　划：上海市文学艺术界联合会编　上海世纪出版集团
统　　　筹：倪里勋
特约编审：倪里勋　司徒伟智　徐㳠民

丛　书　名：海上谈艺录
主　　　编：上海市文学艺术界联合会　上海文学艺术院
书　　　名：深潜译海探骊珠·郝运
作　　　者：管志华
出　　　版：上海世纪出版集团　上海文化出版社
地　　　址：上海市绍兴路 7 号　200020
发　　　行：上海文艺出版社发行中心
　　　　　　上海市绍兴路 50 号　200020　www.ewen.co
印　　　刷：苏州市越洋印刷有限公司
开　　　本：787×1092　1/16
印　　　张：10.25　　彩插：2
印　　　次：2018 年 11 月第一版　2018 年 11 月第一次印刷
书　　　号：ISBN 978－7－5535－1418－5/K·163
定　　　价：42.00 元
告　读　者：如发现本书有质量问题请与印刷厂质量科联系 T：0512－68180628